W0059591

Schöne Balkon- und Ampelpflanzen

Rainer Härig

Schöne Balkon- und Ampelpflanzen

69 Farbfotos
22 Zeichnungen

VERLAG
EUGEN
ULMER

Foto Seite 2: Neue und vertraute Arten ergänzen sich zu einem Blütenmeer. Beschreibungen ab Seite 29.

Titelfoto: Vielfalt und natürlichen Charme zeichnen die »neuen« Balkon- und Ampelpflanzen aus — Dunkelpurpurne Surfinia-Petunien (*Petunia*-Hybriden, links), die Blaue Mauritius (*Convolvolus sabatius*, mitte) und der Elfensporn (*Diascia*-Hybriden, rechts), gelb leuchten die Blüten der Strohblume (*Helichrysum bracteatum*, oben mitte) und der Dukatenblume (*Asteriscus maritimus*, mitte rechts), violettblau blüht die Blaue Fächerblume (*Scaevola aemula*, oben links).

Die Deutsche Bibliothek — CIP-Einheitsaufnahme

Schöne Balkon- und Ampelpflanzen / Rainer Härig. — Stuttgart : Ulmer, 1993
   ISBN 3-8001-6492-2
NE: Härig, Rainer

© 1993 Eugen Ulmer GmbH & Co.
Wollgrasweg 41, 70599 Stuttgart (Hohenheim)
Printed in Germany
Lektorat: Sabine Reh und Gerhard Bley
Herstellung: Steffen Meier
Einbandgestaltung: Alfred Krugmann, Freiberg am Neckar
mit einem Foto von Fritz Köhlein, Bindlach
Satz: Typobauer Filmsatz GmbH, Ostfildern 3
Druck und Bindung: Passavia Druckerei GmbH, Passau

4

Vorwort

Balkon- und Ampelpflanzen spiegeln Lebensfreude wider. Ihre überwältigende Fülle hinsichtlich Formen und Farben ist verführerisch — sie weckt in uns den Wunsch, ein kleines Stück Natur zu besitzen.

Welcher Pflanzenliebhaber träumt nicht von der Sommerblumenpracht in südlichen Ländern, von dem üppigen Blütenmeer, den unterschiedlichsten Farbkompositionen?

Die Beschäftigung mit Pflanzen ist für viele Menschen ein wertvoller Ausgleich und bedeutet gleichzeitig Abwechslung für den oft naturfernen Beruf, für die Arbeit im Büro oder die gleichförmige Alltagsbeschäftigung. Abwechslung aber auch nach dem Stau im dichten Verkehr, dem Grau der Städte . . . Pflanzen können dieses Grau aufbrechen.

Aber nicht jeder verfügt über einen eigenen Garten. Mit Pflanzgefäßen auf dem Balkon, vor dem Fenster, auf einer kleinen Terrasse oder dem Flachdach kann ein blühender Miniaturgarten entstehen und der Wunsch nach mehr Grün fast überall verwirklicht werden. Dörfer und Städte — sie alle würden farbloser wirken, wenn wir nicht Blumen und Pflanzen in unseren Lebensraum einbeziehen würden.

Arten aus fast allen Erdteilen stellen nicht nur unterschiedliche Ansprüche an den Standort — sie stellen auch Ansprüche an Boden, Ernährung, Wasserversorgung und Pflege. Hier sollen wichtige Ratschläge und Tips gegeben und für eventuell auftretende Probleme Lösungen angeboten werden. Nicht nur der kritische Einkauf von blühenden Pflanzen wird angesprochen — vielmehr auch die Möglichkeit der Eigenanzucht aus Samen und Stecklingen.

Diese sowie weitere Gesichtspunkte (Pflanzanleitungen, Gefäße, Pflanzenkrankheiten, Überwinterung u. a.) wenden sich nicht nur an »Profis« — vielmehr auch an den Anfänger, der Anregungen und umsetzbare Rezepte sucht. Für die Kultur von Ampel- und Balkonpflanzen sind sie so abgestimmt, daß sich ein sicherer Erfolg einstellen und die Beschäftigung mit dieser Pflanzengruppe zu einer wertvollen Erfahrung und Freude wird.

Balkon- und Ampelpflanzen bereichern unser Leben — mit ihnen können eigene Ideen verwirklicht und kleinste Bereiche kreativ gestaltet werden. Sie geben uns Entspannung und Befriedigung. Sie geben uns die Ruhe, die wir in unserer hektischen und schnellebigen Zeit so dringend benötigen.

Rainer Härig
Edewecht, im Sommer 1993

Inhaltsverzeichnis

Linke Seite: Das gelbe Schmuckkörbchen (*Bidens ferulifolia*, Seite 32) und Hängegeranien (*Pelargonium*-Peltatum-Hybriden, Seite 48) machen dieses Geländer zu einem Schmuckstück.

Vorwort   5

Pflanzen für den Balkon
Ein Markt im Wandel   9
Was eine Pflanze zur Balkonblume
macht   10

Standorte für Balkonkästen und Ampeln
Extreme Bedingungen   12
Standorte rund um das Haus   14

Bepflanzung und Gestaltung von Balkonkästen und Ampeln
Wechsel- und Saisonbepflanzung   17
Pflegeleicht und immergrün — die Dauerbepflanzung   19
Pflanzbeispiele und Gestaltung   20
Wie Pflanzen zu kombinieren sind   22

Die Balkon- und Ampelpflanzen
Klassische Arten und Neuheiten   29

Einkauf der Pflanzen
Qualitätskriterien   56
Einkaufsorte   57
Mengen und Abstände   57
Vor der Pflanzung   58

Technik und Materialien von Balkonkästen und Ampeln
Materialien und ihre
Eigenschaften   59
Aufhängung und Befestigung
der Gefäße   61
Erden und Substrate für Pflanzgefäße   64

Pflege von Balkon- und Ampelpflanzen
Pflegeleichtigkeit beginnt
bei der Planung   68
Richtige Pflege von Anfang an   68
Pflege von Dauerpflanzungen   70
Pflege von Frühjahrsbepflanzungen   71
Wasserversorgung — Nichts geht
ohne   71
Bewässerung — Von manuell bis vollautomatisch   73
Ernährung und Düngung   78

Krankheiten und Pflanzenschutz
Schadensursachen   82
Vorbeugen ist besser als heilen   83
Schaderreger und Schadtiere   84
Bekämpfungsmaßnahmen   87

Überwinterung von Balkon- und Ampelpflanzen
Standortbedingungen und Überwinterungsorte   89
Pflegemaßnahmen vor, während und nach der Überwinterung   91
Überwinterungswürdige Pflanzenarten   94

Vermehrung und Anzucht von Balkon- und Ampelpflanzen
Vermehrung aus Samen   95
Vermehrung aus Stecklingen   97
Weiterkultur der Jungpflanzen   99

Deutsche Pflanzennamen   101
Stichwortverzeichnis   103
Literaturverzeichnis   104
Bildquellen   104

Pflanzen für den Balkon

Linke Seite: Fernwirkung, die kaum zu übertreffen ist. Hängegeranien (Seite 48) in Balkonkästen mit akzentuierenden Ampeln ergänzt.

Ein Markt im Wandel

Blumen in Pflanzgefäßen ermöglichen uns gerade in der wärmeren Jahreszeit zusätzlichen Wohnraum im Freien zu erschließen und zu gestalten. Dies hat den Wunsch nach Pflanzen, die sich auch auf engstem Raum problemlos entwickeln, gesteigert. Für Ampeln und Balkonkästen geeignete Sommerblumen sind überwiegend robuste Pflanzen, die von Mai bis Oktober oft ohne Pause durchblühen.

Dies wurde durch gezielte, über Jahrzehnte dauernde Zuchtarbeiten erreicht — und ständig arbeiten Saatzucht- und Spezialfirmen an weiteren Verbesserungen: Neue Farbspiele, Formveränderungen, Steigerung von Robustheit, Gesundheit und Blühreichtum bei den klassischen Sommerblumen wie Geranien, Begonien oder Studentenblumen sind hierbei einige Ziele. So erscheinen jährlich neue Sorten in einer erstaunlichen Fülle.

Auch dem Wunsch der Pflanzenliebhaber nach mehr Abwechslung und Vielseitigkeit im Sortiment sind besonders in den letzten Jahren viele Spezialgärtnereien erfolgreich nachgegangen. Noch vor einigen Jahren wurden für die Bepflanzung von Ampeln und Balkonkästen nahezu ausschließlich Begonien, Pantoffelblumen, Petunien, Fuchsien oder Geranien verwendet. Es sind bewährte Arten, die jedem Pflanzenfreund bekannt sind und über deren Wachstumsansprüche umfangreiche Kenntnisse vorliegen. In den letzten zehn Jahren wurde das klassische Sortiment zunehmend durch neue Pflanzenarten mit beachtenswerten Eigenschaften ergänzt. Nur wenige können sich unter Blauer Fächerblume,

Dukatenblume, Blaue Mauritius, Kaskadenblume oder Spanischem Gänseblümchen etwas vorstellen. Diese Aufzählung könnte beliebig fortgesetzt werden. Seit 1980 begann eine Entwicklung bei den sogenannten Beet- und Balkonpflanzen, die nicht vorhersehbar war und wo ein Ende noch lange nicht in Sicht ist. Weltweit werden Pflanzen gesucht, die im Wuchscharakter, in der Blüten- und Blattfarbe oder in anderen Eigenschaften von dem Bisherigen abweichen. So stammt die Blaue Fächerblume aus Australien, die Kaskadenblume aus Amerika. Vorurteile sollten gegenüber diesen »Neuen« nicht bestehen. Erst nach mehrjährigen Prüfungen und langer Beobachtung werden sie in den Markt gegeben. Es sind also Pflanzen mit geprüften Eigenschaften — eine Gefahr, daß sie versagen, ist fast ausgeschlossen. Solche Neuheiten sind eine Bereicherung im Sortiment und sollten daher nicht unberücksichtigt bleiben.

In der Vielfalt der Farbkombinationen und Blütenzeichnungen gibt es einige Grundtypen: 1 einfarbige Blüte, 2 gemaserte Blüte, 3 zweifarbig, gesternte Blüte, 4 zweifarbige Blüte mit konzentrischer Randzeichnung.

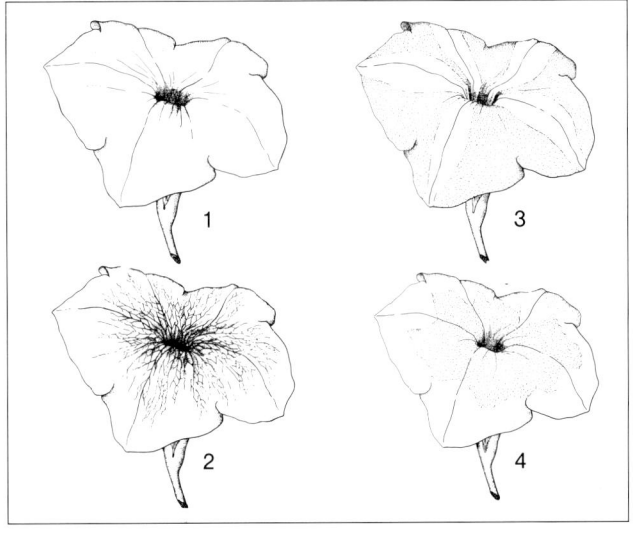

9

Mehr als nur der Reiz des Neuen. Wer könnte der Blauen Fächerblume (Seite 52), dem weißen Kapkörbchen (Seite 37) und dem schwarz-gelben Husarenknopf (Seite 51) widerstehen

Was eine Pflanze zur Balkonblume macht

Die Gärtner prüfen genau, welche Neuheiten sie für den Balkon empfehlen. Nicht jede Pflanze erfüllt alle Anforderungen, die wir — oft ohne es zu wissen — an die Pflanzen auf dem Balkon stellen. Wie von anderen Berufssparten bekannt, haben auch die Gärtner dafür einen speziellen Wortschatz. Mit diesen Begriffen können neue Arten und Sorten auf ihre Qualität und Eignung getestet werden, Vor- und Nachteile werden deutlich und Verwendungsempfehlungen können gegeben werden. Hobbygärtnern und Pflanzenfreunden sind die Fachausdrücke weniger geläufig und es fehlt oft eine exakte Beschreibung dessen, was wirklich gemeint ist. Hier wollen wir versuchen, für etwas mehr Information und Klarheit zu sorgen. Gleichzeitig lernt man so die Pflanzen und ihre Verwendbarkeit viel besser kennen.

Fernwirkung: Große Einzelblüten, dicht stehende Einzelblüten oder Blüten mit auffälliger Farbe und Leuchtkraft entfalten eine große Fernwirkung (Petunien: große Einzelblüten; Hängepelargonien: dichte Einzelblüten mit großer Leuchtkraft). Pflanzen mit großer Fernwirkung werden zum Beispiel gerne im Balkonbereich verwendet, während Arten mit geringerer Fernwirkung (zum Beispiel *Cuphea, Erigeron*) besonders im Nahbereich des Betrachters (Ampeln, bunte Gefäße) ihre ganze Schönheit vorzeigen.

Nachblüte, Nachblühverhalten: Einige Pflanzenarten wie Verbenen, *Agera-*

10

tum und Nelken entfalten nur während einer begrenzten Zeit ihren vollen Blütenschmuck (Hauptblüte), danach ist die Blühintensität, die Nachblüte deutlich reduziert. Rückschnitt in Verbindung mit einer zusätzlichen Düngung führt in vielen Fällen zu einer verstärkten Nachblüte.

Regenfestigkeit: Bei der Blauen Fächerblume *(Scaevola)* führen wiederholte Niederschläge auch über mehrere Tage zu keinen Schäden an Blättern und Blüten. Sie ist also regenfest. Unter diesen Bedingungen tritt dagegen bei Petunien und Geranien häufiger Fäulnis auf — sie sind weniger regenfest.

Selbstreinigung: Pflanzen, die in der Lage sind, verblühte Blüten, Blütenblätter, Blütenstiele oder Samenanlagen abzuwerfen (sich zu putzen), besitzen eine große Fähigkeit zur Selbstreinigung. Sie sehen immer »sauber« aus. Ein schönes Beispiel dafür ist die Blaue Fächerblume *(Scaevola)*. Mit solchen Pflanzen haben wir nur wenig Arbeit. Geranien hingegen weisen eine geringere Fähigkeit zur Selbstreinigung auf, da zumindest die Samenstände nach der Blüte verbleiben. Diese werden regelmäßig von Hand entfernt, »ausgeputzt«.

Wetterfestigkeit: Der ständige Wechsel von Regen und Sonne, von Kälte und Hitze sowie von großer und geringer Lichtmenge verlangt von unseren Pflanzen äußerste Anpassungsfähigkeit. Arten wie zum Beispiel Tagetes vertragen extreme Witterungsschwankungen, sie besitzen eine große Wetterfestigkeit. Neuguineaimpatiens leiden dagegen in Regen- und Kälteperioden und auch bei extremer Hitze, sie sind nicht so wetterfest. Wetterfeste Pflanzen zeichnen sich oft durch besonders widerstandsfähiges und festes Gewebe aus — ein Ziel der Züchtung.

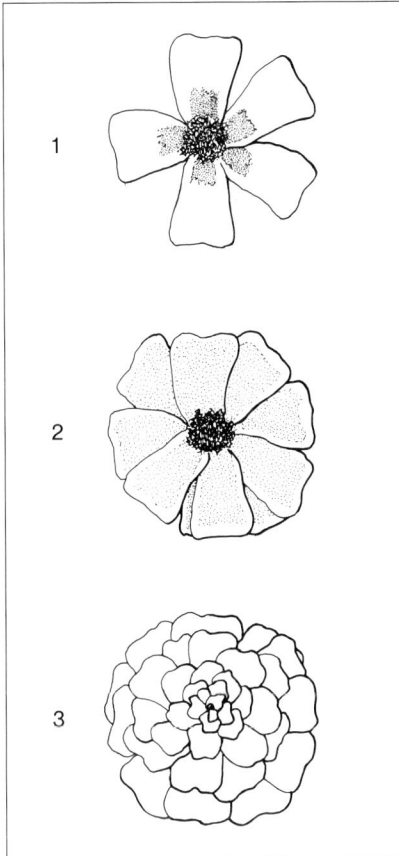

Die Züchtung bringt aus derselben Pflanze die unterschiedlichsten Blütenformen hervor. Wenn Staubgefäße zu Blütenblättern umgebildet werden, entstehen bei der Studentenblume einfache (1), halbgefüllte (2) und gefüllte Blütenformen (3).

Windfestigkeit: Pflanzen in frei hängenden Ampeln und auf zugigen Balkonen sind besonderen Windbelastungen ausgesetzt. Brachyscome, die dünne, elastische Triebe mit kleinen Blättern besitzt, trotzt dieser Belastung — sie ist windfest. Knollenbegonien, mit dicken fleischigen Trieben und großen Blättern würden an zugigen Standorten häufiger Schäden erleiden. Nicht windfeste Pflanzen werden entsprechend bevorzugt in geschützten Lagen verwendet, wo sie sich üppig entwickeln können.

11

Standorte für Balkonkästen und Ampeln

Pflanzgefäße wie Blumenkästen und Ampeln sind überaus vielseitig verwendbar. Pflanzkästen auf oder unter Fenstersimsen, auf dem Balkon bzw. in die Balkonbrüstung integriert, auf Mauern gestellt, in Pergolen eingebunden, auf Garten- oder Dachterrassen — sie bilden bei entsprechender Pflanzenwahl stets einen Blickfang und sorgen für leuchtende Blütenpracht während der Sommermonate — bei saisonaler Nutzung sogar fast über das ganze Jahr. Ebenso vielseitig verwendbar sind Ampeln. Ob im Eingangsbereich an einem Dachvorsprung befestigt, mit speziellen Halterungen an Hauswänden montiert oder frei an einer Pergola hängend — Ampeln wirken immer auflockernd. Mit ihnen gelingt es, Blühhöhepunkte in Ebenen zu realisieren, die normalerweise unerschlossen bleiben.

Extreme Bedingungen

Pflanzen sind in Gefäßen stets extremen Witterungsbedingungen ausgesetzt. In voller Sonne erwärmen sich die Gefäße und damit der Wurzelraum der Pflanzen. Unter Dachvorsprüngen werden natürliche Niederschläge abgehalten; in windexponierten Lagen besteht die Gefahr, daß Blüten, Blätter oder ganze Triebe abgerissen werden. Je nach Himmelsrichtung müssen Pflanzen in vollem Licht, im Halbschatten oder Schatten wachsen. Daß nicht jede Art für alle Wachstumsbedingungen gleichermaßen geeignet ist, um die volle Wuchs- und Blühleistung zu entfalten, sollte nicht verwunderlich sein. Besonders auch, wenn wir die natürlichen Verbreitungsgebiete der Pflanzen berücksichtigen. Durch intensive Züchtungsarbeit ist es allerdings in vie-

Abwechslungsreiche Bepflanzung einer Balkonbrüstung mit Petunien, Lobelien und hängenden Fuchsien.

12

len Fällen gelungen, Arten wie zum Beispiel *Impatiens* oder Begonien, die sich normalerweise im Halbschatten wohlfühlen, auch an sonnige Lagen anzupassen. Sie vertragen also Sonne und Schatten — sind somit flexibel einsetzbar.

Grundsätzlich sind alle Arten bei entsprechender Pflege für sonnige Standorte geeignet. Einige der schattenverträglichen Arten brauchen an einem sonnigen Standort dann aber viel Aufmerksamkeit und vor allem Wasser. Ihre Toleranz gegen Trockenheit ist sehr gering. An sonnigen und darüber hinaus auch noch windigen Plätzen kommen diese

Ampeln setzen Akzente — Eine Knollenbegonie im überdachten Eingangsbereich.

Ein Balkonkastengarten an einer Terrassenbegrenzung.

13

Südseite eines Hauses in voller Blütenpracht.

Übersichtsplan eines Einfamilienhauses. Je nach Himmelsrichtung und baulicher Situation entstehen unterschiedliche Standort- und Wachstumsbedingungen. Beschreigung siehe Text. Diese Ansicht verdeutlicht die Südseite des Übersichtsplanes mit den Standorten 2 bis 5 (siehe Text).

Pflanzen sehr viel rascher an ihre Grenzen. Deswegen wird man sie bevorzugt dort verwenden, wo sie in der Pflege weniger heikel sind, am schattigen Standort.

Umgekehrt vertragen der vollen Sonne angepaßte Arten, wie Gazanien und Geranien, auf gar keinen Fall einen Ausflug in den Schatten. Sie blühen dort nur spärlich oder gar nicht. Daher ist es wichtig, für den jeweiligen Standort bewußt nur solche Pflanzen auszuwählen, die mit den dort vorherrschenden Bedingungen zufriedengestellt werden können.

Standorte rund um das Haus

Je nach Himmelsrichtung und baulichen Gegebenheiten entstehen die unterschiedlichsten kleinklimatischen Bedingungen. Wenn wir es verstehen, diese Standorte mit den jeweilig passenden

Pflanzen zu nutzen, werden sie es uns mit unerhörtem Blütenreichtum und Wachstum danken.

Standort 1: Die Balkonkästen auf der Ostseite des Hauses genießen die ersten Sonnenstrahlen des Tages. Ab Mittag herrscht hier Schatten vor. Temperaturextreme treten weniger auf, die Pflanzen sind bei der vorherrschenden Nord-West-Wetterlage größtenteils vor Regen geschützt, ebenso vor Wind (leicht sonnige Lage). Geeignete Pflanzen: Fuchsien, Petunien.

Standort 2: Ab Mittag erhalten die Ampeln das erste volle Sonnenlicht, das durch die Bäume unterbrochen wird (Wechselschatten). Temperaturextreme treten nur kurzfristig auf, die Pflanzen sind Regen und Wind ausgesetzt. Geeignete Pflanzen: *Brachyscome, Scaevola*.

Standorte 3 + 5: Diverse bunt bepflanzte Gefäße auf der Terrasse sowie die Ampeln an der Pergola erhalten ab Mittag bis in den späten Nachmittag die volle Sonne. Hier sind die höchsten Tempera-

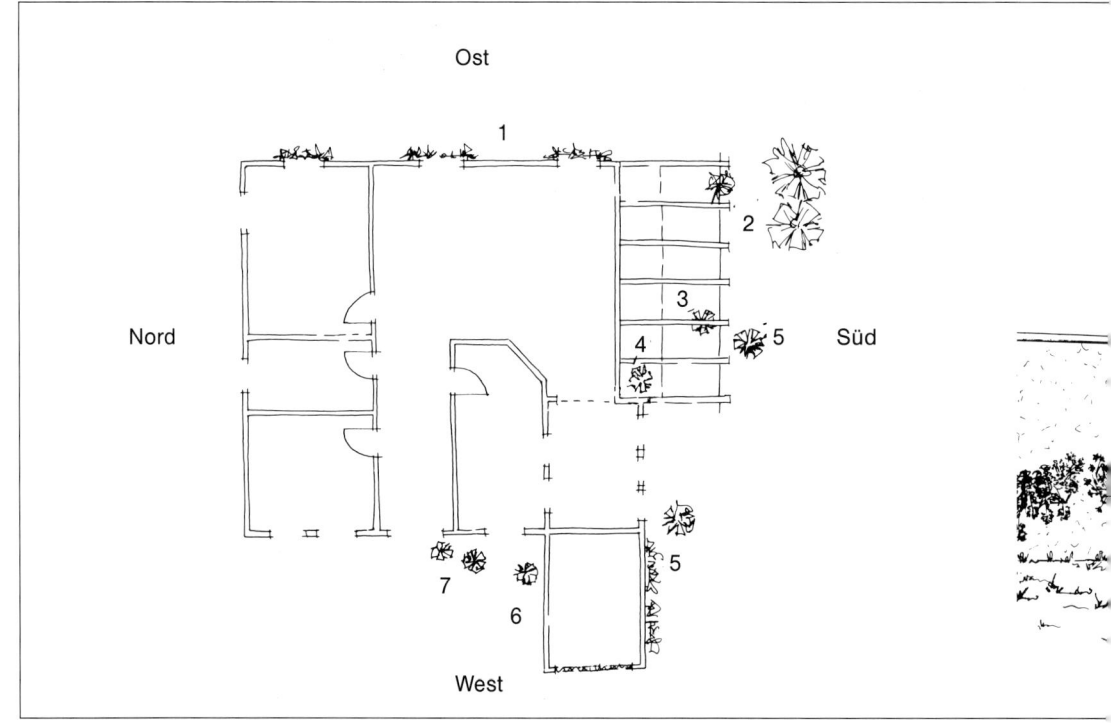

14

turen während des Tages zu verzeichnen. Regen und Wind haben Einfluß. Geeignete Pflanzen: Hängepelargonien, *Asteriscus.*

Standort 4: Die höchsten Temperaturen treten ab Mittag unter der Überdachung auf, sie hält Niederschläge fern und schützt auch etwas vor Wind. Geeignete Pflanzen: Hängepelargonien, Petunien.

Standort 6: An diesem schattigen Standort erreichen lediglich am Abend die letzten Sonnenstrahlen die hier stehenden Pflanzgefäße. Es ist die temperaturausgeglichenste Stelle am Haus. Knollenbegonien und Fleißige Lieschen fühlen sich hier besonders wohl.

Standort 7: In den Nachmittagsstunden werden durch die letzten Sonnenstrahlen kurzfristig noch höhere Temperaturen erreicht, Temperaturunterschiede von morgens bis abends machen sich hier besonders bemerkbar. Regen und Wind sind von Einfluß, ebenso der lang anhaltende Schatten während des Tages. Geeignet: Fuchsien, *Cuphea, Erigeron*

15

Für halbschattige Standorte geeignete Pflanzenarten

Acalypha hispaniolae	Hängender Fuchsschwanz
Begonia-Elatior-Hybriden	Blütenbegonie
Begonia-Semperflorens-Hybriden	Beetbegonie
Begonia-Knollenbegonien-Hybriden	Knollenbegonie
Calceolaria integrifolia	Pantoffelblume
Coleus blumei	Buntnessel
Cuphea ignea	Zigarettenblümchen
Cuphea hyssopifolia	Japanische Myrte
Fuchsia-Hybriden	Fuchsie
Heliotropium arborescens	Sonnenwende
Heterocentron-Hybride (Centradenia)	Schöner Rosamund, Kaskadenblume
Impatiens-Neu-Guinea-Hybriden	Neuguineaimpatiens
Impatiens walleriana	Fleißiges Lieschen
Lobelia erinus	Männertreu
Lysimachia congestiflora	Asiatischer Felberich
Pelargonium-Peltatum-Hybriden	Hängepelargonie, bedingt geeignet
Pentas lanceolata	Pentas
Petunia-Hybriden	Petunie
Plectranthus fruticosus	Mottenkönig
Thunbergia alata	Schwarzäugige Susanne

Für schattige Standorte geeignete Pflanzenarten

Begonia-Elatior-Hybriden	Blütenbegonie
Begonia-Knollenbegonien-Hybriden	Knollenbegonie
Fuchsia-Hybriden	Fuchsie
Impatiens-Neu-Guinea-Hybriden	Neuguineaimpatiens
Impatiens walleriana	Fleißiges Lieschen

Für windige Standorte geeignete Pflanzenarten

Ageratum houstonianum	Leberbalsam
Begonia-Semperflorens-Hybriden	Beetbegonie
Brachycome multifida	Blaues Gänseblümchen
Chrysanthemum frutescens	Strauchmargerite,
(Neu: *Argyranthemum frutescens*)	schwachwüchsige Sorten
Chrysanthemum multicaule	Zwergwucherblume
(Neu: *Coleostephus multicaulis*)	
Chrysanthemum paludosum	Weiße Zwergwucherblume
(Neu: *Hymenostemma paludosum*)	
Erigeron karvinskianus	Spanisches Gänseblümchen
Gazania splendens	Mittagsgold
Impatiens walleriana	Fleißiges Lieschen
Lobelia erinus	Männertreu
Lobularia maritima	Duftsteinrich
Sanvitalia procumbens	Husarenknopf

16

Bepflanzung und Gestaltung von Balkonkästen und Ampeln

Überwiegend werden Ampeln und Balkonkästen lediglich in den Sommermonaten genutzt. Während der übrigen Zeit sind die Gefäße abgeräumt oder einfach mit Tannen- oder Kiefernzweigen abgedeckt. Welch ein Kontrast zu der üppigen Blütenfülle im Sommer! Es gibt aber genügend Möglichkeiten, die blütenlose Zeit auf nur wenige Wochen im Jahr zu begrenzen. Für die Entscheidung, ob die Gefäße für das ganze Jahr oder nur für die Sommermonate bepflanzt werden, sind die folgenden Überlegungen hilfreich.

Wechsel- und Saisonbepflanzung

Hier werden die Pflanzen jeweils den Jahreszeiten entsprechend ausgewechselt. Die geeigneten Pflanzenarten und ihre Eigenschaften werden ab Seite 29 beschrieben. Wendet man alle Möglichkeiten an, können vorhandene Gefäße ganzjährig genutzt werden.

Frühjahrsblüten

Bei der Frühjahrsbepflanzung werden ab März beispielsweise Stiefmütterchen oder Primeln gesetzt, die von März bis Mai blühen.

Bereits im September oder Oktober werden frühjahrsblühende Knollen- und Zwiebelgewächse gesetzt, um im Spätherbst noch eine ausreichende Wurzelbildung zu ermöglichen. In Dauerpflanzungen wird hierzu an noch freien Stellen mit einem Messer jeweils ein größeres Pflanzloch herausgeschnitten, in das

dann die Zwiebeln ausgelegt werden. Die Pflanztiefe beträgt dabei das 2- bis 3fache der Knollen- oder Zwiebelhöhe (Krokusse: 5 cm, Tulpen: 10 cm). Als geeigneter Pflanzabstand sind bei Tulpen und Narzissen 10 cm, Hyazinthen 15 cm und bei Krokussen 3 cm vorzusehen.

Bei Wechselpflanzungen werden die Gefäße nach dem Abräumen der Sommerblumen bis zu einem Drittel der Gefäßhöhe mit neuem Substrat gefüllt, um dann darauf die Knollen und Zwiebeln auszusetzen. Die höherwüchsigen Tulpen und Narzissen werden dabei in der hinteren Zone, *Eranthis*, Krokusse, *Scilla*, Schneeglöckchen und Iris im vorderen Bereich ausgelegt. Die Anordnung geschieht nicht soldatisch streng, sondern locker versetzt in Tuffs, um ein Wechsel-

Ein buntes Arrangement für den Frühling aus Primeln, Narzissen und Ranunkeln.

17

spiel zwischen hohen und niedrigen Pflanzen zu erhalten. Dabei ist es ratsam, die Arten und Sorten nicht bunt durcheinander zu mischen. Anschließend wird das Gefäß mit Substrat aufgefüllt.

Beliebt sind auch Zwiebelanordnungen, die sich an der Blütezeit orientieren. Bereits im Februar beginnt die Blüte von *Eranthis*, botanischen Krokussen, Schneeglöckchen und Iris gefolgt von Hyazinthen, Narzissen, *Scilla*, Traubenhyazinthen und Tulpen. Bei geschickter Auswahl der Arten und Sorten werden Pflanzgefäße von Februar bis Mai zu einem dauerhaften Frühlingserlebnis.

Vorteilhaft ist natürlich, wenn man Zweitgefäße besitzt, die in den jeweiligen Jahreszeiten einfach ausgewechselt werden. In einem zusätzlichen Balkonkasten werden an einem anderen Ort Knollen- und Zwiebelgewächse von Oktober bis Februar vorgezogen. Das Erstgefäß hingegen steht auf dem Balkon und ist von Oktober bis Februar mit Koniferen und Eriken bepflanzt. Im Februar—März werden diese Gefäße ausgetauscht und Frühjahrsblüher bilden nun den Balkonschmuck. Dieser jahreszeitliche Wechsel kann während des Jahres mit dem Sommerflor wiederholt werden. Dieses ist natürlich etwas aufwendig und teuer, da alles doppelt vorhanden sein muß. Es ist aber eine elegante Problemlösung, um stets aktuell bepflanzte Gefäße in saisonaler Vielfalt präsentieren zu können. Zur Pflege siehe auch Seite 68.

Für die Herbst- und Vorfrühjahrspflanzung geeignete Arten	
Herbst- und Frühjahrsblüher	
Bellis perennis	Gänseblümchen, Maßliebchen
Erica carnea	Winterheide, Schneeheide
Erica gracilis	Erika, Topfheide
Myosotis sylvatica	Vergißmeinnicht
M.-Hybriden	
Primula vulgaris	Kissenprimel
P. acaulis	
P. denticulata	Kugelprimel
Senecio bicolor	Greiskraut
S. cineraria	
Viola-Wittrockiana-Hybriden	Stiefmütterchen
Knollen- und Zwiebelgewächse mit Blüte im Frühjahr	
Crocus-Arten	Krokus
Galanthus nivalis	Schneeglöckchen
Hyacinthus orientalis	Hyazinthe
Iris-Arten	Iris
Leucojum vernum	Märzenbecher
Muscari armeniacum	Traubenhyazinthe, Perlhyazinthe
Narcissus-Arten	Narzissen
Scilla-Arten	Blaustern
Tulipa-Arten	Tulpen
Koniferen, nur Zwergformen der Gattungen	
Abies	Tanne
Chamaecyparis	Zypresse
Juniperus	Wacholder
Picea	Fichte
Pinus	Kiefer
Taxus	Eibe
Thuja	Lebensbaum
Tsuga	Hemlockstanne

18

Klassisch und jedes Jahr neu — Sommerflor

Für die Sommerbepflanzung finden die traditionellen Sommerblumen ab Mitte Mai Verwendung (Blütezeit: Mai bis Oktober). Schon in den ersten warmen Apriltagen werden viele Pflanzenfreunde unruhig und lassen sich spontan verleiten, Sommerblumen einzukaufen. Dies sollte aber nur in klimatisch begünstigten Gegenden (zum Beispiel mit Weinbauklima) oder für besonders geschützte Standorte (Hausnähe, Überdachung, Großstadt) erwogen werden. Immer wieder treten extrem kalte Frostnächte auf, denen die Sommerblumen nicht standhalten können. Auch die nächtliche Abdeckung zum Schutz der Pflanzen ist dann nicht immer erfolgreich. Daher sollte man sich nicht zu voreiligem Handeln verleiten lassen. Die goldene Regel für Sommerblumen erlaubt bevorzugt Pflanzungen nach den Eisheiligen (12.–15. Mai). Da durchaus klimatische Verschiebungen möglich sind, sollten Pflanzungen generell auch nach Mitte Mai noch bei Frostgefahr geschützt werden. In klimatisch ungünstigen Gebieten — u.a. auch in Norddeutschland — konnten häufiger sogar Anfang Juni durch Frosteinwirkung Pflanzenschäden beobachtet werden. Je nach Witterung ist von Mitte Mai bis Mitte Juni die geeignete Pflanzzeit für Sommerblumen. Bei eigenen Anzuchten (Aussaaten, Stecklinge) und bei Vorhandensein eines Hobbygewächshauses oder eines Folientunnels können Balkonkästen und Ampeln schon früh bepflanzt werden (ab Mitte April). Zum Zeitpunkt der Freilandaufstellung (Mitte bis Ende Mai) sind dann bereits gut eingewurzelte Bestände vorhanden, die einen deutlichen Entwicklungsvorsprung aufweisen.

Von Herbst bis Winter

Vor der Herbstbepflanzung werden ab September oder Oktober die verblühten

Ein gelungener Übergang vom Garten zum Haus mit interessanten Nuancen — ein- und zweifarbige Fernwirkung oben, vor den Fenstern unten detailreiche bunte Kästen.

Sommerblumen abgeräumt und durch Topfheide *(Erica gracilis)*, Sommer-*(Calluna)*- oder Winterheide *(Erica carnea)* ersetzt. Solche Pflanzungen garantieren Farbe auch im Spätherbst und in den Wintermonaten, denn Topfheide blüht bis Dezember (bei günstiger Witterung bis Januar), Sommerheide bis November, die Winterheide je nach Sorte von November bis April. Bei der Herbstpflanzung sollte bereits an die frühjahrsblühenden Blumenzwiebeln gedacht werden.

Pflegeleicht und immergrün — die Dauerbepflanzung

Bei ihr werden Pflanzen ausgewählt, die den Winter gut überstehen und für mehrere Jahre in den Gefäßen bleiben. Diese langlebigen Pflanzungen berücksichtigen überwiegend schwach wachsende Koniferen (Nadelgehölze). Ein Blütenfeuerwerk auf dem Balkon ist dann natürlich nicht mehr möglich. Deswegen können einige Lücken, die bei der Pflanzung eingeplant werden, einer der jeweiligen Jahreszeit angepaßten Wechselbepflanzung

19

zur Gestaltung oder zur Schönheit der Arten gehen dabei oft weit auseinander. Dennoch gibt es einige bewährte Regeln der Gestaltung, durch deren Beachtung viel zu gewinnen ist und die helfen, grobe Fehler zu vermeiden. Jeder Blumenfreund hat natürlich eigene Vorstellungen oder Vorlieben und wird im Prinzip daher seine eigenen Pflanzenkombinationen wählen. Sicherlich entscheidet der eigene Geschmack. Wer aber schon einmal bewußt die farbenfrohen Gefäßbepflanzungen in Süddeutschland oder den Alpenländern wahrgenommen hat, wird bemerkt haben, daß nicht alle Pflanzungen die gleiche Wirkung entfalten. Vieles muß berücksichtigt werden und eine gelungene Bepflanzung schließt ebenso die Pflanzen und Farbkombination wie das Umfeld und die Gefäßgröße ein.

Vom harmonischem Aufbau

Schmale Balkonkästen lassen bei einer Breite von 10 bis 15 cm lediglich eine einreihige Bepflanzung zu. Diese kann dann leicht »aufgereiht« wirken, wenn nicht aufrecht und überhängend wachsende Pflanzen kombiniert wurden. Oft fehlt diesen Gefäßen die Fülle. Ganz anders sieht es bei breiteren Balkonkästen (18 bis 22 cm) aus. Diese erlauben eine zweireihige Bepflanzung und damit auch mehr Variationsmöglichkeiten. Bei zweireihiger Bepflanzung steht die zweite Reihe versetzt (auf Lücke, im Verband) zur ersten Reihe. Große und durch die Leuchtkraft ihrer Blüten dominierende Arten wie beispielsweise stehende Pelargonien werden in die hintere Reihe gesetzt. Niedrigwachsende, kleinblütige oder hängende Pflanzen werden seitlich oder vorne plaziert. Die Pflanzung erfolgt immer so, daß in der Mitte die höheren, zum Rand und nach vorne die niedrigeren Pflanzen stehen. Hierdurch wird eine harmonische Abstufung erreicht. Jede Pflanze kann sich voll entwickeln, kommt als Individuum zur Geltung und so werden auch Beschwingt-

Ein dauerhaft angelegter Kübel mit Raum für Saisonpflanzen. Die Mädchenhaarkiefer wirkt mit den Callunen ebenso vorteilhaft wie mit Frühjahrs- und Sommerblühern.

mit Blütenpflanzen dienen. Da die Koniferen vielfach im Topf angeboten werden, sind sie fast ganzjährig bei frostfreiem Wetter pflanzbar (Hauptpflanzzeiten: März bis Mai und September bis Anfang November). Zur Pflege von Dauerpflanzungen siehe auch Seite 70.

Pflanzbeispiele und Gestaltung

Die Vielfalt der Pflanzgefäße und Pflanzenarten erlaubt fast unbegrenzte Kombinationsmöglichkeiten. Die Ansichten

20

In die Brüstung integriertes Gefäß mit einreihiger Bepflanzung aus aufrecht wachsenden Geranien.

heit und Lebendigkeit der Gesamtkomposition erreicht.

Strenger und uniformer hingegen wirken Gefäße, bei denen nur aufrecht wachsende (zum Beispiel *Pelargonium*-Zonale-Hybriden) oder nur hängende (zum Beispiel *Pelargonium*-Peltatum-Hybriden) Pflanzen verwendet wurden. Für Fülle und Auflockerung sorgt immer die Kombination von aufrecht wachsenden und hängenden Arten. So ergänzen sich die aufrechtwachsenden Pelargonien mit den blaublühenden, hängenden Polstern der Lobelien aufs Vortrefflichste. Aber auch einheitliche Pflanzungen mit nur aufrecht oder nur hängenden Pflanzen können für Fülle sorgen, wenn die Pflanzgefäße zweireihig hinter- oder untereinander angeordnet werden.

Ein- oder zweifarbig

Einheitlich mit nur einer Art oder Sorte bepflanzte Gefäße (zum Beispiel Hängepelargonien) sind uns besonders aus Süddeutschland oder Tirol bekannt. Diese Pflanzkästen entfalten eine massive Farb- und Fernwirkung. Sie wirken dabei aber ruhig, harmonisch, vornehm, elegant und absolut unaufdringlich. Für die überwiegend großflächigen Balkone im

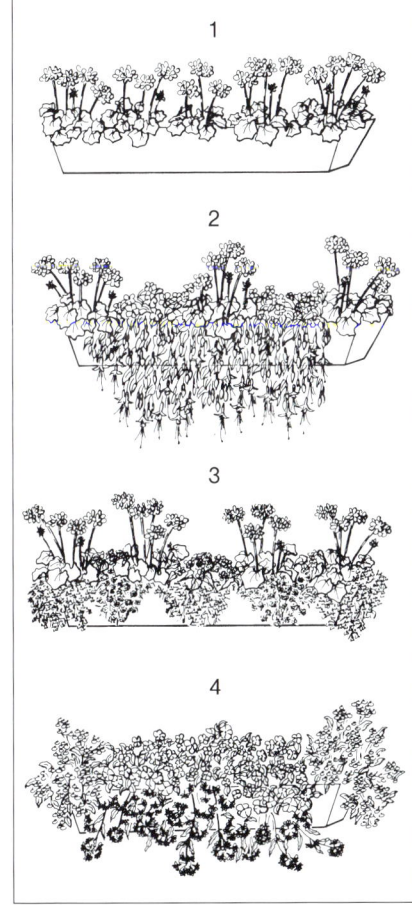

1 In schmalen Balkonkästen ist lediglich eine einreihige Bepflanzung möglich. Bei der Verwendung von nur einer Pflanzenart wirken sie leicht aufgereiht oder »streng«.
2 und 3 Durch die Kombination von aufrecht und überhängend wachsenden Pflanzen wirken die Kästen aufgelockerter.
4 Fülle und üppiges Wachstum lassen sich mit breiteren Kästen und zweireihiger Bepflanzung erreichen. Ein harmonischer Gesamtaufbau entsteht durch die Kombination von aufrecht und hoch wachsenden (Pantoffelblumen), halbhoch wachsenden (Fleißigen Lieschen) und hängenden Pflanzen (Fächerblumen).

21

Sie ergänzen sich vortrefflich, Geranien, blaue Lobelien, weißer Duftsteinrich *(Lobularia).* Im Vordergrund die gelben Blüten des Felberichs.

pflanze, fügen sich aneinander oder gehen auf Distanz: ein aufregendes Wechselspiel, das sich täglich wiederholt! Großzügige Fernwirkung gepaart mit verschwenderischer Fülle! Um diese Eigendynamik zu entfalten, bedarf es einer sorgfältigen Pflanzenauswahl. Formen und Farben, Blütengrößen, Wuchseigenschaften und unterschiedliche Ansprüche sind dabei zu berücksichtigen.

Wie Pflanzen zu kombinieren sind

Das Gerüst der Pflanzungen sind die sogenannten »Leitpflanzen« (zum Beispiel Pelargonien, Knollenbegonien, Heliotrop oder Lantanen). Sie werden ergänzt durch »Bei- oder Begleitpflanzen« (zum Beispiel Lobelien und Alyssum). Leitpflanzen dominieren hinsichtlich der Wuchsstärke, der Blütengröße oder der Blütenfarbe und Blütenfülle — sie sorgen für Leuchtkraft und Fernwirkung. Um sie herum werden andere Arten gruppiert, die schwächeren Wuchs und kleinere Blüten (geringere Leuchtkraft und geringere Fernwirkung) aufweisen. Sie bilden den Rahmen, in dem die Leitpflanzen um so besser zur Geltung kommen. Einige dieser Beipflanzen legen zeitweilige Blühpausen ein und entfalten daher nur zu bestimmten Zeiten eine üppige Wirkung. Dieser Nachteil kann durch geschickte Anordnung im Gefäß, durch verstärkte Nachdüngung oder durch Rückschnitt einzelner Pflanzen aufgehoben werden.

Süden stellt dies eine hervorragende Lösung dar. Auf manche wirkt dies zu »vornehm« — sie würden vielleicht lebhaftere und abwechslungsreichere Kombinationen mit stärkeren Farbkontrasten bevorzugen. Schon die Verwendung von stehenden Geranien in Verbindung mit Petunien würde ihren Vorstellungen wahrscheinlich mehr entsprechen. Eine solche Pflanzung ist zwar ebenfalls vornehm und elegant, die Blütenfarben können aber ausgesprochen kontrastreich gewählt werden. Blütenfülle und Blütengröße sorgen für eine imposante Fernwirkung und Frische. Besonders starke Kontraste sind mit den Farbkombinationen blau/gelb und rot/gelb sowie weiß/blau zu erzielen.

Bunt, bunter, bunte Kästen

Überaus farbenfroh und jugendlich wirken sogenannte »Bunte Kästen«, bei denen bis zu fünf Arten in verschiedenen Farben und Formen gepflanzt werden. Leuchtende Blütenfarben wechseln sich ab, treten in Beziehung zur Nachbar-

Farbwirkungen

Neben der richtigen Pflanzenanordnung und Raumaufteilung spielt die Farbenkombination eine ganz entscheidende Rolle. Diese sollte jeweils auch mit dem Umfeld und dem Gefäß harmonieren. Bei hellem Hintergrund (weiße Hausfassaden) sollten zarte und blasse Farben oder Pastelltöne weniger gewählt wer-

22

Blau und Gelb mit einem Schimmer von Rot. Außen dominieren hohe Salbei und Lobelienpolster, rot-gelb schimmern Lantanen hinter der prächtigen gelben Teppichmargerite, neben der sich der Husarenkopf versteckt.

Drei Blütenebenen in einem Kasten, aufrecht und hoch wachsen blaue Verbenen, gelbe Calceolarien und rote Geranien, in der Mitte fühlen sich rosa Semperflorens-Begonien wohl, nach unten ergänzen rote Hängeverbenen das Bild.

Nach außen wirken prächtige gelbe Studentenblumen (*Tagetes tenuifolia* 'Lulu') rote Hängegeranien und Hängeverbenen. Beim Blick aus dem Fenster ist der Vanilleduft des tiefblauen Heliotrops und das Farbspiel der Lantanen (mitte) zu genießen.

23

Sehr reizvoll ist es Holz- (1) oder Metallgestelle (3) bewachsen zu lassen. Sind beide Seiten sichtbar, ist die Pflanzenpyramide (2) ein wirkungsvoller Blickfang.

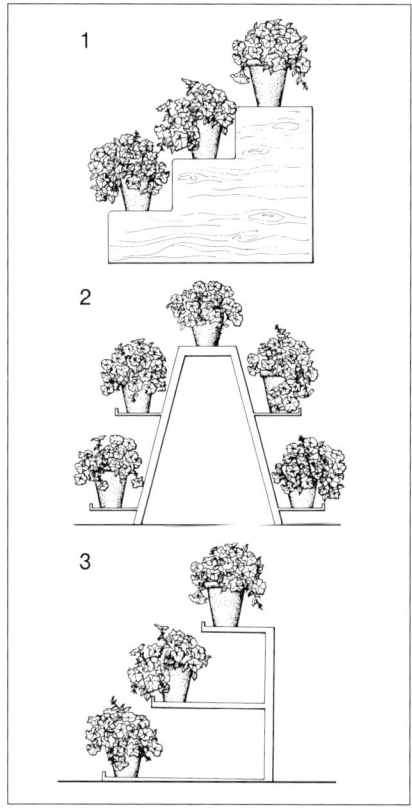

den und der Anteil weißblühender Pflanzen nicht mehr als 10 bis 15 Prozent betragen. Vor dunklen Fassaden — dunkel gestrichenen Holzwänden, Sichtblenden oder den in Norddeutschland häufigen Klinkerbauten — sind helle, intensiv leuchtende Blütenfarben zu bevorzugen.

Blütenfarben sind eigentlich nie unverträglich — ihre Wirkung ist aber stärker oder geringer. Kontrastreiche Farben wie Blau mit Gelb oder Weiß oder Gelb mit Rot bereiten hier keine Probleme. Problematischer sind dagegen dunkle Farben (Lila, Dunkelblau), die finster und kalt wirken können — besonders wenn sie einen zu hohen Anteil haben oder vor einem zu dunklen Hintergrund stehen. Frisch und beschwingt wirken dagegen Pflanzen mit zweifarbigen Blüten oder intensiven Blütenzeichnungen, wie wir sie von Petunien, Pelargonien oder Impatiens kennen. Dezent, vornehm

und durchaus modisch sind Farbkombinationen »Ton-in-Ton«. Wenn sich die Farben aber sehr nahe stehen wie Rot und Rosa, Hellorange und Dunkelorange usw. sind diese zwar miteinander verträglich, aber nicht sehr kontrastreich. Solche Farbkombinationen bedürfen einer geschickten und geschmackvollen Auswahl an Arten und Sorten, die harmonisch zueinander passen. Gelingt dieses, sind überraschende Effekte möglich.

Sehr wichtig ist auch der Standort, an dem die Farben zur Geltung kommen sollen. Die gleiche Farbe kann an dunkleren Standorten etwas matt, stumpf und kühl wirken, bei mehr Licht dagegen aber frisch, strahlend und leuchtend.

Arten und Farben

Recht einfache Bepflanzungen können mit nur einer Pflanzenart in einer Farbe vorgenommen werden. Geeignete Pflanzen sind hierfür stehende oder hängende Pelargonien und Fuchsien, Petunien und Knollenbegonien. Nur aufrecht wachsende Pflanzen in einem Kasten wirken etwas steif. Gefälliger ist da schon die Kombination mit den hängenden Formen. Als monoton kann bei zu großer Pflanzenzahl auch die Verwendung von nur einer Farbsorte empfunden werden. Abwechslungsreicher ist dann sicherlich die Pflanzung in zwei oder drei Farbsorten einer Art. Gelbe Chrysanthemen *(Argyranthemum frutescens)* in Verbindung mit blauen Petunien oder weiße Chrysanthemen mit der blauen Fächerblume *(Scaevola)* bieten in größeren Einzelgefäßen einen imposanten Blickfang. Eine weitere reizvolle Zweiermischung ergibt sich aus roten oder rosa blühenden, aufrecht wachsenden Pelargonien mit blauen oder weißen Petunien oder mit gelben *Asteriscus*. Farbenfrohe Pflanzungen entstehen bei drei Farbtönen aus gelben Chrysanthemen, roten Pelargonien und blauen Verbenen; bei vier Farbtönen aus roten Knollenbegonien oder Pelargonien, gelben Calceola-

24

rien oder *Asteriscus*, weißen Impatiens oder Chrysanthemen und blauen Lobelien oder Verbenen.

Gestalten mit Gefäßen

Neben der Pflanzenvielfalt werden heute auch die unterschiedlichsten Gefäße für zahlreiche Verwendungsbereiche angeboten. Pflanzkästen, Körbe, Töpfe, Tröge, Ampeln oder Kübel differieren hinsichtlich Größe, Form, Material und Farbe. Der Kauf will wohl überlegt sein: Sie sollten mit der Farbe des Hauses und dessen Ausstrahlung harmonieren, von der Größe her dem Standort und dem Umfeld angepaßt sein. In der Nähe von Kübelpflanzen, die eine mediterrane Atmosphäre ausstrahlen, wird man bei entsprechender Pflanzenauswahl sicherlich aufwendige und oft teure Terrakottagefäße oder zumindest Imitate mit ähnlichem Design auswählen. Vor einem Bauernhaus — insbesondere wenn es sich um ein älteres Fachwerkhaus handelt — könnten Holzkästen oder Steintröge für Harmonie sorgen, während bei modernen Gebäuden auch farbig gestrichene Eternitkästen durchaus zu einem Blickfang werden können. Ganz andere Anforderungen werden sicherlich gestellt, wenn es um optische Verschönerungen von öffentlichen Gebäuden oder Industrieportalen geht. Hier wird man auch Augenmerk auf die Einheitlichkeit der Gefäße legen.

Dabei können sich die Gefäße ohne Probleme im Volumen unterscheiden. Mit einer Gefäßgruppe aus unterschiedli-

Vom Lantanenhochstamm bis zur Geranienampel, die Terrasse wird lebendig mit Pflanzen und Gefäßen.

Für Ampeln geeignete Pflanzenarten

Acalypha hispaniolae	Hängender Fuchsschwanz
Asteriscus maritimus	Dukatenblume, bedingt geeignet
Begonia-Knollenbegonien-Hybriden	Knollenbegonien — hängende Sorten
Bidens ferulifolia	Zweizahn, Schmuckkörbchen
Brachycome multifida	Blaues Gänseblümchen
Brachycome iberidifolia	Spanisches Gänseblümchen
Calceolaria integrifolia	Pantoffelblume, bedingt geeignet
Chrysanthemum multicaule (Neu: *Coleostephus multicaulis*)	Zwergwucherblume, bedingt geeignet
Chrysanthemum paludosum (Neu: *Hymenostemma paludosum*)	Weiße Zwergwucherblume, bedingt geeignet
Convolvulus sabatius	Blaue Mauritius
Convolvulus tricolor	Trichterwinde
Cuphea ignea	Zigarettenblümchen
Cuphea hyssopifolia	Japanische Myrte
Dianthus caryophyllus	Gebirgshängenelke — hängende Sorten
Diascia-Arten	Elfensporn, bedingt geeignet
Erigeron karvinskianus	Spanisches Gänseblümchen
Fuchsia-Hybriden	Fuchsie, halbhängende und hängende Sorten
Helichrysum bracteatum	Strohblume, spezielle Sorten
Heterocentron-Hybride (Centradenia)	Schöner Rosamund
Impatiens-Neu-Guinea-Hybriden	Neuguineaimpatiens, ausladende Sorten
Impatiens walleriana	Fleißiges Lieschen, ausladende Sorten
Lampranthus conspicuus	Mittagsblume
L. aurantiacus	
Lantana-Camara-Hybriden	Wandelröschen
L. montevidensis	
Lobelia erinus	Männertreu
Lobularia maritima	Duftsteinrich
Lotus maculatus	Hornklee
L. berthelotii	
Lysimachia congestiflora	Asiatischer Felberich
Monopsis lutea	Sonderkraut
Nolana napiformis	Glockenwinde
N. paradoxa	
Pelargonium-Peltatum-Hybriden	Hängepelargonie
Petunia-Hybriden	Petunie
Plectranthus fruticosus	Mottenkönig
Portulaca grandiflora	Portulakröschen
P. umbraticola	
Sanvitalia procumbens	Husarenknopf, bedingt geeignet
Scaevola aemula	Blaue Fächerblume
Solanum muricatum	Pepinofrucht
Thunbergia alata	Schwarzäugige Susanne, bedingt geeignet
Thymophylla tenuiloba	Gelbes Gänseblümchen
Verbena-Hybriden	Eisenkraut, hängende Sorten

26

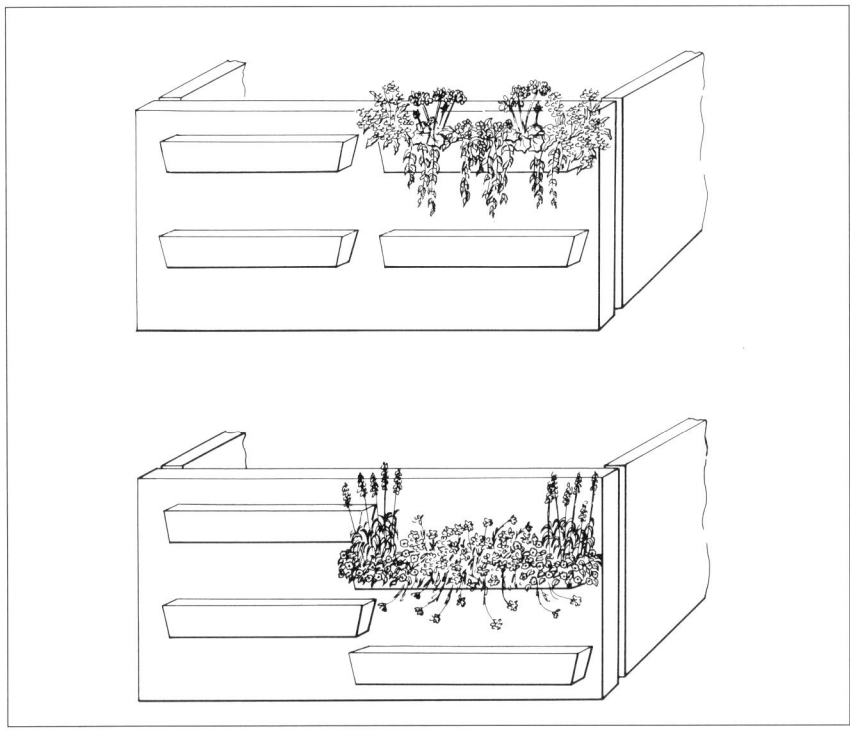

Kahle Wände lassen sich in Balkonkastengärten verwandeln. Die Anbringung der Kästen kann in Reihe oder versetzt erfolgen.

Die verschiedenen Höhenebenen von Pergolen lassen sich hervorragend mit Ampeln, Balkonkästen und Kübeln nutzen. Pflanzen und bauliche Struktur unterstützen sich in ihrer Wirkung.

27

Mit Ampeln kann man Nischen schaffen und Nischen nutzen.

chen Größen und Formen lassen sich wunderbare Arrangements verwirklichen, insbesondere wenn die Pflanzenauswahl auf die einzelnen Gefäße und ihren Standort abgestimmt ist.

Besonders für Terrassenbesitzer ergeben sich vielseitige Gestaltungsmöglichkeiten. Die Gefäße werden immer so angeordnet, daß die freie Sicht in den Garten erhalten bleibt. An einer Pergola hängen Ampeln in verschiedenen Ebenen, auf Stützmauern stehen Einzelkübel, unter einer Markise wachsen regenempfindliche Pflanzen, kleinere Gefäße sind zu einer Gruppe vereint, höhere Einzelpflanzen sorgen für eine Unterteilung großflächiger Bereiche. Dieses »Mobile Grün« läßt sich ganz nach Wunsch ständig umstellen, ergänzen und neu arrangieren.

Die meisten Balkone hingegen erlauben nicht diese Großzügigkeit, die Gestaltungsmöglichkeiten sind hier schon begrenzter. Wenig geeignet sind wuchti-

ge Töpfe mit hoher Bepflanzung — kleinere Gefäße hingegen kommen voll zur Wirkung — mit ihnen können auf engstem Raum faszinierende Kleinlandschaften geschaffen werden. Einzelgefäße in Ecken plaziert, lassen den Raum größer wirken, herabhängende Ampeln lockern strenge Linien auf. Es sollte aber bedacht werden, daß Einzelpflanzen mit großen Blüten kleinblütige Ampelpflanzen leicht erdrücken können. Aus Platzgründen werden auf kleineren Balkonen Pflanzkästen bevorzugt nach außen orientiert. Direkt an der Hauswand plaziert ergibt sich aber eine attraktive Blütenfülle, wenn die Kästen in zwei Reihen oder untereinander versetzt angeordnet werden (siehe Seite 27). Futter- und Tränktröge aus Stein — in der Landwirtschaft schon lange ausrangiert — leicht angewittert und bemoost, mit schwachwüchsigen, flachen Pflanzen bestanden, ergeben auch auf kleinstem Raum ein regelrechtes Kleinod.

28

Die Balkon- und Ampelpflanzen

Klassische Arten und Neuheiten

Es ist nicht einfach, bei der Arten- und Sortenfülle die Übersicht zu behalten oder über jede Pflanze Detailkenntnisse zu besitzen. Um hier eine schnelle Orientierung zu ermöglichen, werden die Pflanzenarten nachfolgend in »Steckbriefen« kurz vorgestellt. Hier sind zu jeder Pflanzenart neben der Namensgebung auch Hinweise über Herkunft und wichtige Informationen zu Eigenschaften, Ansprüchen, Verwendung, Sorten, Anzucht und Pflege enthalten.

Die Reihenfolge ist alphabetisch und am botanischen Namen orientiert. Sollte nur die deutsche Bezeichnung geläufig oder bekannt sein, kann der botanische Name über die im Register aufgeführten deutschen Pflanzennamen schnell aufgefunden werden.

Acalypha hispaniolae

Hängender Fuchsschwanz, Katzenschwanz
Familie: Euphorbiaceae
Herkunft: Tropen und Subtropen (Haiti)

Als mehrjährige, zunächst krautige, im Alter verholzende Pflanze eignet sich der Fuchsschwanz besonders für Ampeln, weniger als Beipflanze für Balkonkästen. Er liebt sonnige oder nur leicht beschattete, möglichst geschützte Lagen. Dort wächst er zunächst aufrecht, 10 bis 15 cm hoch, dann hängend. Seine roten Blüten erscheinen in dekorativen, hängenden Ähren (»Blütenschwänze«) von Mai bis September/Oktober. So ist der Fuchsschwanz ein echter Dauerblüher,

doch ohne größere Fernwirkung. Da die Blütenähren während längerer Regenperioden leicht faulen, sollten möglichst regengeschützte Standorte gewählt werden. Auf gleichmäßige Wasserversorgung, insbesondere an sehr sonnigen Standorten, sollte geachtet werden. Andererseits reagiert der Fuchsschwanz durchaus empfindlich auf übermäßiges Wassergeben. Staunässe verträgte er gar nicht; diese führt häufig zum Absterben bzw. Faulen der Wurzeln. Gelegentlich kann Befall durch Weiße Fliegen oder Spinnmilben auftreten. Eine Überwinterung ist in hellen Räumen bei etwa 10 °C möglich. Vermehren kann man den Fuchsschwanz in den Sommermonaten durch Stecklinge.

Für sonnige, geschützte Winkel nah beim Betrachter ist der Katzenschwanz *(Acalypha hispaniolae)* bestens geeignet.

29

Die Blüten der Du-
katenblume *(Aste-
riscus maritimus)*
leuchten den gan-
zen Sommer über.

Antirrhinum majus

Löwenmaul
Familie: Scrophulariaceae
Herkunft: Mittelmeerraum, Nordafrika

Als einjährige Sommerblume kennen wir das Gartenlöwenmaul von Beeten und aus Sommerblumensträußen. Niedrige Sorten aber sind auch für bunte Balkonkästen in sonniger Lage eine Bereicherung. Sie werden nur 15 bis 30 cm hoch und blühen von Juni bis September — allerdings nicht immer gleichmäßig. Häufig nimmt im August die Blühwilligkeit ab. Dann fördern Rückschnitt und Düngung eine gute Nachblüte. Niedrige Farbsorten werden in Mischungen angeboten, die das ganze Farbspektrum Weiß, Rot, Rosa und Gelb enthalten (Bild Seite 69). Gelegentlich werden sie von Mehltau oder Rostpilzen befallen, auch auf Blattläuse sollte geachtet werden. Löwenmäulchen werden durch Aussaat im Januar oder Februar vermehrt.

Ageratum houstonianum

Leberbalsam, Blausternchen
Familie: Compositae
Herkunft: Mittel- bis Südamerika

Der Leberbalsam ist eine zumeist einjährige, aufrecht wachsende Sommerblume für Beete und bunte Balkonkästen als Leit- oder Beipflanze. Er bevorzugt vollsonnige Standorte. Die Blütenköpfchen stehen in Dolden, sind hell- bis tiefblau, purpurviolett oder weiß gefärbt. Als Dauerblüher entfaltet er von Mai bis September/Oktober eine große Fernwirkung. Die einzelnen Farbsorten besitzen unterschiedliche Wuchsstärke und werden 15 bis 25 cm hoch. *Ageratum* ist eine robuste, regenfeste und windverträgliche Pflanze, die gelegentlich von Blattläusen oder Weißen Fliegen befallen wird. Ständiges Nachblühen erfolgt, wenn die verblühten Blumenstände entfernt werden, andernfalls ist mit vorübergehenden Blühpausen in den Monaten August/September zu rechnen. Üblich ist die Vermehrung durch Aussaat von Januar bis März.

Asteriscus maritimus

Dukatenblume, Strandstern, Goldtaler
Familie: Compositae
Herkunft: Westliches Mittelmeergebiet

Die Dukatenblume ist bei Überwinterung eine mehrjährige Pflanze, die gerne in Ampeln oder bunten Balkonkästen als Beipflanze verwendet wird. Sie ist ein Sonnenanbeter mit zunächst aufrechtem, später zunehmend ausladendem, leicht überhängendem Wuchsbild. Einjährige Pflanzen werden nicht höher als 20 bis 25 cm. Als Neuheit hat sie in den letzten Jahren begeistert: Leuchtend gelbe Blüten, die auch bei Regen geöffnet sind, folgen ununterbrochen von April bis Oktober/November, wobei sogar leichte Fröste vertragen werden. Unterstützt wird die Dauerblüte, wenn verblühte Blumenstände regelmäßig entfernt werden. Hier sollte die ausgesprochen robuste Pflanze gelegentlich auf Blattläuse kontrolliert werden. Die Vermehrung erfolgt über Stecklinge im Sommer.

Begonia-Elatior-Hybriden

Blütenbegonie, Elatiorbegonie
Familie: Begoniaceae
Heimat: Die Ausgangsarten stammen aus Südamerika oder Südafrika

Wir kennen Blütenbegonien als typische Topfpflanze. Einige Sorten wie zum Beispiel 'Charisma Coral' und 'Charisma Orange' sind aber auch hervorragend als Leit- oder Beipflanzen für Pflanzgefäße oder Beete geeignet. Hier fühlen sie sich in schattiger, halbschattiger und auch sonniger Lage überaus wohl und erreichen eine Höhe bis zu 20 cm. Die auffällige Leuchtkraft der Blüten in den Farben Weiß, Gelb, Rosa und Rot bezaubert von April/Mai bis September/Oktober, wobei die halbgefüllten oder gefüllten Einzelblüten für gute Fernwirkung sorgen. Eine Eigenvermehrung durch Samen oder Stecklinge kann aufgrund des großen Aufwandes nicht empfohlen werden. Elatiorbegonien sind recht kälteempfindlich, daher sollten sie erst im Juni an möglichst geschützte Standorte gepflanzt werden. Ihrer verblühten Blüten entledigt sie sich zuverlässig selbst, Ausputzarbeiten können somit auf ein Minimum begrenzt werden. Bei feucht-kühlem Wetter können Infektionen durch Mehltau- und Botrytispilze erfolgen.

Begonia-Semperflorens-Hybriden

Beetbegonie, Immerblühende Begonie, Semperflorens-Begonie
Familie: Begoniaceae
Heimat: Die Ausgangsarten stammen aus Mittel- und Südamerika

Diese einjährige Sommerblume zählt zu den beliebtesten Beet- und Gruppenpflanzen. Sie ist aber auch eine preiswerte Alternative als Leit- oder Begleitpflanze für bunte Gefäße. Semperflorens-Begonien lieben halbschattige bis sonnige Standorte, Wind kann ihnen nicht viel anhaben. Die 15 bis 20 cm hohen Pflanzen — großblumige Sorten bis 25 cm — sind von April/Mai bis September/Oktober mit unzähligen Einzelblüten in Weiß, Rosa, Rot oder auch zweifarbig übersät. Die Blüten stehen dabei im Kontrast zu den attraktiven Laubfarben von hell- bis braungrün (Bilder Seiten 23, 33). Als robuste Pflanzen überstehen sie problemlos Trocken- oder auch Regenperioden, besondere Pflegemaßnahmen sind daher nicht erforderlich. Die Vermehrung über Samen ist recht aufwendig.

Begonia-Knollenbegonien-Hybriden

Knollenbegonien
Familie: Begoniaceae
Heimat: Die Ausgangsarten stammen aus Südamerika

Als einjährige, bei Überwinterung der Knollen auch mehrjährige Sommerblume, eignen sich Knollenbegonien für Beete und Balkonkästen, spezielle Sorten mit hängendem Wuchs auch für Ampeln. In jeder Pflanzung dominierend sind die großen, leuchtenden Blüten in Weiß, Gelb, Rosa, Rot oder auch zweifarbig. Knollenbegonien bevorzugen schattige, halbschattige oder leicht sonnige, möglichst windgeschützte Standorte. Je nach Sortengruppe werden von Mai bis September/Oktober ununterbrochen kleine oder große Einzelblüten hervorgebracht, die einfach, halbgefüllt oder gefüllt sein können. In Ampeln bewährt haben sich die Sorten der 'Musical-Serie' sowie die Girlandenbegonie 'Illumination' (Bild Seite 13). Knollenbegonien sind sehr kälteempfindlich, sie sollten erst Ende Mai ins Freiland gepflanzt werden. Bei feucht-kühler Witterung ist Mehltaubefall möglich. Der Pflegeaufwand ist gering: wiederholt sollten verblühte Blumen ausgeputzt werden. Eigene Anzuchten aus Samen sind nicht zu empfehlen. Im Herbst gewonnene Knollen dagegen werden zum Beispiel in Torf eingelagert und in kühlen, trockenen Räumen überwintert. Mit dem Antreiben der Knollen wird etwa ab Februar begonnen.

Bereits viele Liebhaber hat das Blaue Gänseblümchen (Brachycome multifida) gefunden.

Bellis perennis

Gänseblümchen, Maßliebchen
Familie: Compositae
Heimat: Europa

Das rosettenartig und gedrungen wachsende mehrjährige Gänseblümchen wird gerne zur Herbst- oder Frühjahrspflanzung auf Beeten oder in Gefäßen verwendet. Es wird nur 10 bis 20 cm hoch, wobei die Blütenköpfchen in den Farben Weiß, Rosa, Rot oder auch zweifarbig einzeln auf mittelhohen Stielen stehen. Sonnige, auch windexponierte Standorte werden von ihnen bevorzugt. Von März bis Mai schieben sich unentwegt die Blüten auf ihren dünnen Stielen aus den niedrigen Laubpolstern. Je nach Sortengruppe variieren sowohl die Größe der Blüten als auch der Grad ihrer Füllung. Wegen der begrenzten Blühdauer werden sie im Mai durch Sommerblumen ersetzt. Gänseblümchen sind robust und problemlos, sie werden nur selten von Krankheiten befallen. Bei Herbstpflanzungen ist während Kahlfrostperioden eine Abdeckung mit zum Beispiel Fichtenreisig zu empfehlen. Ohne Schwierigkeiten gelingen Eigenanzuchten durch Aussaat.

Problemlos können Gänseblümchen nach der Blüte an einen anderen Standort im Garten umgepflanzt werden.

Bidens ferulifolia

Zweizahn, Schmuckkörbchen
Familie: Compositae
Heimat: Mexiko

Zur Sommerblumensaison 1993 wurde der Zweizahn als echte Neuheit erstmals dem Pflanzenliebhaber vorgestellt. Über ihn ist noch nicht allzuviel bekannt, das macht natürlich neugierig. Weltweit existieren über 200 *Bidens*-Arten (hier variieren die Angaben in der Literatur), die meisten kommen in Amerika vor. Der Zweizahn besticht durch unzählige, von April bis zu den ersten Frösten erscheinende, goldgelbe Korbblüten, wobei die Blüten an kleine Sonnenblumen erinnern. An dünnen, beweglichen Trieben werden kleine Fiederblättchen entwickelt. Die starke Wuchskraft — insbesondere in voller Sonne — führt schnell zu großen flachen Polstern in Beeten; in Ampeln und Balkonkästen ist der Habitus überhängend (Bilder Seiten 6, 100). In England hat der Zweizahn vor Einführung nach Deutschland bereits unzählige Liebhaber gefunden. Erste Erfahrungen mit dieser Neuheit zeigen, daß sie auch in anhaltenden Regenperioden durch üppige Blütenfülle besticht.

32

Brachycome multifida

Blaues Gänseblümchen
Familie: Compositae
Heimat: Australien

Eine Neuheit der letzten Jahre mit hängendem Wuchs: Sie wird nur etwa 15 cm hoch, ihre zierlichen Triebe aber erreichen bis zum Herbst 40 bis 60 cm Länge. Daran sitzen dichtgedrängt asterähnliche, blaue Einzelblüten, die wahre Blütenpolster bilden. Die Blüte dauert von April—Oktober ohne Pause — sogar erste leichte Herbstfröste werden vertragen. Die Art *Brachycome multifida* zeigt ein helleres Blau, die Sorte 'Harmony' ein dunkleres, 'Ultra' ist besonders kompakt wachsend. Alle eignen sich für Ampeln und Balkonkästen, auch für Beete. Um eine andauernde Blüte zu erreichen, muß regelmäßig gegossen und gedüngt werden. Besonders für Eisenmangel, der sich in der Aufhellung der Blattfarbe mit anschließender Vergilbung zeigt, ist das Blaue Gänseblümchen anfällig. Der Dünger sollte also unbedingt Eisen und andere Spurenelemente enthalten. Unter den Schädlingen werden Weiße Fliege und Thripse angezogen — hier sollte eine regelmäßige Kontrolle erfolgen. Eine Überwinterung ist möglich, doch wenig lohnend. Geeigneter sind Sommervermehrungen durch Stecklinge.

Als Spanisches Gänseblümchen wird *Brachycome iberidifolia* angeboten, ebenfalls für Ampeln und Balkonkästen geeignet. Hier gibt es blaue, rote und weiße Farbtöne, doch erreichen die Pflanzen nicht die Blühdauer von *B. multifida*.

Calceolaria integrifolia

Pantoffelblume
Familie: Scrophulariaceae
Heimat: Chile

Goldgelbe Einzelblüten in doldenartigen Rispen mit großer Leuchtkraft und Fernwirkung zeichnen diese einjährige Sommerblume aus. Ihr Wuchs ist aufrecht, 20 bis 30 cm hoch werdend, spä-

Gelbe Pantoffelblumen *(Calceolaria integrifolia)* und rote Semperflorens-Begonien *(Begonia-*Semperflorens-Hybriden), eine interessante Kombination.

ter aber auch überhängend. Beete und Balkonkästen sind geeignete Standorte, Ampeln weniger. Pantoffelblumen gedeihen besonders üppig in sonnigen bis halbschattigen, aber nicht windexponierten Lagen. Regelmäßiges Ausputzen und laufende Düngergaben fördern die Blüte von April bis September. Im Sommer treten gelegentlich Weiße Fliegen oder Blattläuse auf. Vermehrungen erfolgen über Aussaaten oder Stecklinge. Problemloser ist aber der Zukauf beim Gärtner.

Chrysanthemum frutescens

(Neu: *Argyranthemum frutescens*)
Strauchmargerite
Familie: Compositae
Heimat: Kanarische Inseln

Die bei Überwinterung mehrjährige, strauchartig wachsende Margerite wird gerne als Solitärpflanze in Gefäßen und Beeten verwendet. Schwächer wüchsige Sorten sind aber für große Balkonkästen als Leitpflanze, ausladende, überhängende Sorten auch bedingt für große Ampeln geeignet. Alle benötigen, um ununterbrochen von Mai bis Oktober blühen zu können, vollsonnige, höchstens leichtschattige Standorte. Dazu gehört auch eine regelmäßige Nachdüngung und Reinigung. Die wie funkelnde Sterne wir-

33

Die Gelbe Teppich-
margerite (*Coleo-
stephus multicau-
lis)* und die Weiße
Zwergwucherblu-
me (*Hymenostem-
ma paludosum)* eig-
nen sich vorzüglich
für Kästen und
Beete.

ser Art um nur bis 25 cm hoch wachsende Margeriten. Für Beete und Gefäße,
weniger für Ampeln geeignet, erfreuen
sie von Juni bis September/Oktober immer wieder durch ihre langgestielten,
gelben Strahlenblüten. Die krautige
Pflanze ist nicht frosthart — Ersatz kann
aber jedes Jahr durch Aussaat geschaffen
werden. Trockenheit wird vertragen, besondere Pflegemaßnahmen sind nicht erforderlich — es sei denn, daß die verblühten Blütenköpfe entfernt werden.

Chrysanthemum paludosum

(Neu: *Hymenostemma paludosum*)
Weiße Zwergwucherblume, Mutterkraut
Familie: Compositae
Heimat: Mittelmeerraum

Auf geschützten,
nicht zu trockenen
Plätzen sind Bunt-
nesseln (*Coleus*-
Blumei-Hybriden)
eine Bereicherung.
Hier bringen sie die
Blüten der Studen-
tenblume (*Tagetes*-
Patula-Hybriden)
zur Geltung.

Bei der weißen Zwergwucherblume
handelt es sich um eine einjährige krautige Sommerblume mit gedrungenem
Wuchs. Geeignet ist sie für Beete und
bunte Gefäßbepflanzungen als Beipflanze, weniger für Ampeln. Bevorzugt werden von ihr vollsonnige Standorte, die
auch windexponiert sein können. Weiße,
margeritenähnliche Blüten mit gelbem
Zentrum entfalten sich ohne Pause von
Juni bis Oktober, insbesondere wenn die
Samenstände regelmäßig ausgeputzt
werden. Je nach Sorte ist das Längenwachstum auf 15 cm, maximal 30 cm
begrenzt. Die wetterfeste Pflanze ist einfach aus Samen vermehrbar. Besonders
in zugigen Lagen ist kaum mit Schädlingsbefall (Blattläuse) zu rechnen.

kenden weißen oder gelben ungezählten
Einzelblüten sind sehr wetterfest — auch
in zugigen Lagen (Bilder Seiten 65, 90,
100). Blattläuse sind durchaus einmal an-
zutreffen, seltener der Echte Mehltau.
Immer wieder lohnend ist die Überwinterung zurückgeschnittener Pflanzen
oder von im Sommer bewurzelten Stecklingen.

Chrysanthemum multicaule

(Neu: *Coleostephus multicaulis*)
Zwergwucherblume, gelbe Teppichmar-
gerite
Familie: Compositae
Heimat: Algerien/Mittelmeerraum
Wie der Name Zwergwucherblume
bereits andeutet, handelt es sich bei die-

Coleus blumei

Buntnessel, Buntlippe
Familie: Labiatae
Heimat: Indochina und Afrika
Buntnesseln bestechen durch ihre
leuchtend bunten Blätter mit unter-
schiedlichem Farbenspiel in braunen,
gelben, roten und grünen Zeichnungen.
Hingegen sind ihre Blüten recht unscheinbar. Dekorative Effekte erzielt

Die Blaue Mauritius *(Convolvolus sabatius)* kann mit ihren langen, überhängenden Trieben jede Pflanzung auflockern.

Das Zigarettenblümchen *(Cuphea ignea)* besticht durch die Unzahl der Einzelblüten.

man mit dieser Art auf Beeten und in buntbepflanzten Gefäßen. Die Blätter zeigen Trockenschäden sofort durch Blattrandverbräunungen an, daher sollte stets auf gleichmäßige Ballenfeuchte geachtet werden. An Schädlingen werden Weiße Fliegen und Blattläuse angezogen. Vermehrt werden Buntnesseln über Samen oder aus Stecklingen. Sie können, falls es lohnt, überwintert werden.

Convolvulus sabatius, Convolvulus tricolor

Blaue Mauritius, Trichterwinde
Familie: Convolvulaceae
Heimat: Subtropen/Nordwest-Afrika

Diese zu den Windengewächsen zählenden, einjährigen Sommerblumen bil-

den während des Sommers bis zu 25 cm lange Triebe, an denen täglich neue lilablaue Trichterblüten entfaltet werden. Der hängende Wuchs kommt besonders in Ampeln und Balkonkästen zur Geltung. Warme, etwas geschützte Standorte in voller Sonne lassen sie erst richtig aufleben. Nicht immer hat man Freude an der blauen Mauritius, denn die Blüten schließen sich bei Regen, trübem Wetter oder auch abends. Aber immer wieder freut man sich von Mai bis Oktober auf den nächsten sonnigen Tag, um die dekorativen Einzelblüten zu bewundern. Abgestorbene Blätter oder Blüten sollten regelmäßig entfernt werden, um möglichen Pilzerkrankungen vorzubeugen. Aussaaten oder Stecklingsvermehrungen sind zwar möglich, aber aufwendig und deshalb nur bedingt lohnend.

35

Links: Die China-
nelke (*Dianthus
chinensis*, rechts)
ist wie die Sternta-
lerblume (*Melam-
podium paludosum*,
links) eine Berei-
cherung für Beete
und Gefäße.
Rechts: Besondere
Sorten der bekann-
ten Nelken *(Dian-
thus caryophyllus)*
eignen sich auch
für den Balkon.

Cuphea ignea, Cuphea hyssopifolia

Zigarettenblümchen und Japanische
Myrte
Familie: Lythraceae
Heimat: Mexiko

Auffallend rot gefärbte, längliche Einzelblüten mit schwarzen Spitzen und
weißem Außenrand zeichnen die Art
C. ignea aus, während die Japanische
Myrte mit ihren blauen Blütchen besticht (Bild Seite 35). Die Einzelblüten
sind jeweils recht klein, aber die Blütenfülle bezaubert von Mai bis Oktober jeden Pflanzenliebhaber. Verwendung finden Cuphea auf Beeten, in Balkonkästen
und Ampeln. Beide Arten sind buschig
wachsend bis zu einer Höhe von 25 bis
30 cm. Gut vertragen werden sonnige
und halbschattige, auch windexponierte
Lagen. Vermehrungen durch Aussaat
und Stecklinge können gleichermaßen
erfolgen. Auf regelmäßige Wasserversorgung ist besonders zu achten, denn bei
einem zu trockenen Stand läßt die Blütenbildung deutlich nach. Beide Arten
reinigen sich selbst von ihren verblüten
Blüten, Putzarbeiten sind nicht erforderlich. Gelegentlich sollte aber auf Weiße
Fliegen kontrolliert werden. Gelegentlich
wird *Cuphea* in Gefäßen als Topfpflanze
angeboten. Aber in dunklen Zimmern
fühlt sie sich nicht so richtig wohl.

Dianthus-Caryophyllus-Hybriden

Gebirgshängenelke, Gartennelke
Familie: Caryophyllaceae
Heimat: Die Ausgangsart stammt aus
Dalmatien.

Gebirgshängenelken lieben sonnige,
windgeschützte Standorte. Zumeist einjährig kultiviert, bei frostfreier Überwinterung aber auch mehrjährig, sorgen die
neuen Hybridsorten für ein aufregendes
Farbspiel von leuchtenden Farbtönen bis
zu Pastellfarben. Beliebt sind sie für Beetpflanzungen und Pflanzkästen. Die Tiro-
ler Gebirgshängenelken bilden längere,
leicht überhängende Triebe aus und können daher auch in Ampeln Verwendung
finden. Nicht immer befriedigt der Blütenreichtum in der Zeit von Juni bis September. Hier sollten die abgeblühten Blumen regelmäßig entfernt oder auch ein
leichter Rückschnitt vorgenommen werden, um die Blühwilligkeit zu fördern.
Zusatzdüngungen haben sich ebenfalls
bewährt: Schon nach kurzer Zeit ist mit
verstärkter Nachblüte zu rechnen. Vermehren kann man diese Nelken über Samen und Stecklinge. Bei kühl-feuchter
Witterung tritt gelegentlich Pilzbefall
durch Nelkenrost auf.

36

Dianthus-Chinensis-Hybriden

China-, Sommer-, Hedwigs-, Kaisernelke
Familie: Caryophyllaceae
Heimat: Die Ausgangsart stammt aus China.

Als einjährige Sommerblume kennen wir diese Nelke von Beeten und bunten Balkonkästen. Sie wächst aufrecht, wird 15 bis 25 cm hoch und entfaltet an den Triebenden Einzelblüten oder mehrere Blüten gleichzeitig. Verschiedene Farbsorten sind jeweils innerhalb von Rassen oder Serien enthalten. Hier dominieren oft zarte Pastellfarben neben kräftigeren roten oder rosa Farbtönen. Die Blüte erstreckt sich von Juni bis September, bisweilen auch nachlassend. Leichter Rückschnitt und Ausbrechen der Samenstände fördert dann die weitere Entwicklung. Auch bei vollsonnigen Pflanzungen können infolge kühl-feuchter Witterung Infektionen durch Rostpilze auftreten. Vermehrung durch Aussaat.

Diascia-Arten

Elfensporn
Familie: Scrophulariaceae
Heimat: Südafrika

Wie der treffende deutsche Name Elfensporn bereits zum Ausdruck bringt, sind die Diascien recht zarte, krautige, oft vieltriebige und breit ausladende Einjahresblumen für Ampeln und bunte Kästen. Nur wenigen Pflanzenliebhabern sind Elfensporne bekannt. Sie bringen einen überschwenglichen Blütenflor hervor — je nach Art in rosa oder rot. Einige bestechen durch goldgefärbte Flecken an der Basis der Blütenblätter. Die langen und überaus zahlreichen Blütenrispen mit gespornten Fingerhutblüten erscheinen von April bis Oktober. Aufgrund des filigranen Aufbaus sollten geschützte, aber sonnige Standorte gewählt werden. In Phasen mit geringerer Blühleistung fördert ein leichter Rückschnitt das Nachblühen. Die Vermehrung über Stecklinge bereitet keine größeren Probleme. Alle Arten sind sehr temperaturtolerant. So werden im Herbst niedrige Temperaturen — sogar geringe Frostgrade — überstanden.

Dimorphotheca sinuata, Dimorphotheca pluvialis

Kapkörbchen, Kapringelblume
Familie: Compositae
Heimat: Südafrika

Unter den Korbblütlern Südafrikas zählt die Kapringelblume wohl zu den schönsten und auffälligsten. Die für Beete und bunte Kastenpflanzungen geeignete einjährige Sommerblume wächst

37

Große sonnenver-
liebte Blüten zeich-
nen die Kapringel-
blume *(Dimorpho-
theca pluvialis)* aus.

Rechts oben: Das
Spanische Gänse-
blümchen *(Erige-
ron karvinskianus)*
ist eine wertvolle
Neuentdeckung. Es
blüht unermüdlich,
ist robust und viel-
seitig.

Rechts unten: Straff
aufrecht wächst die
tiefblaue Kapaster
*(Felicia amelloi-
des).*

zunächst aufrecht, 20 bis 40 cm hoch
werdend, um später dann auch leicht
überzuhängen. Sie ist ein reiner Sonnenanbeter und entwickelt ihre Blütenpracht durchgehend von Juni bis September in geschützten warmen Lagen. Bei
naßkalter Witterung läßt die Blühintensität aber etwas nach. Die bis zu 5 cm großen margeritenartigen Blütenkörbchen
sind orangegelb gefärbt und haben am
Grund tief violette Strahlenblüten. *Dimorphotheca pluvialis*, eine weitere Art,
besitzt oberseits weiß gefärbte Blüten,
die unterseits violett bis purpurn gefärbt
sind. Die Scheibenblüten im Inneren dagegen sind gelb. Wiederholtes Ausputzen verblühter Blumen fördert die Nachblüte. Die krautigen Kapkörbchen sind
leicht über Stecklinge vermehrbar.

Erica carnea

Winterheide, Schneeheide
Familie: Ericaceae
Heimat: Alpengebiet

Winterheide ist uns allen als buschig
wachsendes, maximal 10 bis 20 cm
hoch werdendes, ausdauerndes Gehölz
bekannt. Weniger üblich ist die Bepflan-

zung von Gefäßen mit Heide im Herbst/
Winter. An sonnigem Standort setzt die
Blüte in Abhängigkeit von der Sorte bereits im Dezember oder Januar ein und
hält bis weit in den April. Winterheide
ist gut frostverträglich und absolut wetterfest auch in zugiger Lage. Nur bei
Kahlfrösten unterhalb von −15 °C ist ein
leichter Winterschutz angebracht. Weiße,
rosa, rote oder rot-violette Farbtupfer sorgen auch während der kalten Jahreszeit
für üppigen Blumenschmuck. Gekaufte
Topfware sollte nur ballenfeucht gepflanzt werden. Bei einer Wechselbepflanzung der Gefäße kann die Winterheide, um Platz für den Sommerflor zu
schaffen, im April zurückgeschnitten
und dann in den Garten umgesetzt werden. Vermehrungen über Stecklinge dau-
ern lange. Schneller geht es, wenn ältere
Pflanzen geteilt werden.

Erica gracilis

Erika, Topfheide
Familie: Ericaceae
Heimat: Südafrika

Bei der Topfheide bringen tausende
kugelförmige Einzelblüten in Rosa, Rot
oder Weiß überschwenglich Farben auf
Balkone und Beete, zu einer Zeit, wo
ringsherum der Herbst seinen Einzug
hält und die meisten anderen Pflanzen
mit ihrer Blüte am Ende sind. Sie blühen
unverdrossen von September bis zu den
ersten scharfen Nachtfrösten im Dezember. An frostgeschützten Standorten hält
die Blüte oft auch bis weit in den Januar
hinein. Die strauchige Pflanze ist nicht
winterhart und muß daher in jedem
Herbst wieder neu in Beete oder Gefäße
gepflanzt werden. Dabei ist für die Pflanzung zu empfehlen, die Wurzelballen
vorher in Wasser zu tauchen. Zu geringe
Wasserversorgung und Trockenfröste
führen zum Verlust der Blütenfarbe und
zunehmend zur Verbräunung der ganzen Pflanze. Eine Vermehrung über
Stecklinge ist nur in Spezialbetrieben angebracht.

38

Erigeron karvinskianus

Spanisches Gänseblümchen
Familie: Compositae
Heimat: Südwesteuropa

Unzählige, 1 bis 2 cm große, weiße, margeritenartige Blüten mit einem Anflug von Rosa sind von April bis September über das krautig-buschig wachsende Gänseblümchen verteilt. Dem Namen entsprechend erinnern die zarten Blüten an wilde Gänseblümchen und verleihen der Pflanze viel natürlichen Charme. Sie wird 20 bis 30 cm hoch und bildet überhängende, dünne Triebe aus. Dies macht sie gleichermaßen für Steingarten, Ampeln und bunte Gefäßbepflanzungen geeignet. Das spanische Gänseblümchen liebt Sonne. Etwas schattige oder auch windige Standorte werden ohne Probleme vertragen. Dabei ist es besonders wetterfest und überlebt sogar leichten Frost. Besondere Pflegearbeiten sind nicht erforderlich. Eigene Aussaaten im Februar oder März verlaufen stets erfolgreich.

Felicia amelloides

Kapaster, Blue Daisy, Felicia
Familie: Compositae
Heimat: Südafrika

Diese mehrjährig zu kultivierende halbstrauchige Sommerblume blüht am Heimatstandort fast das ganze Jahr hindurch. Bei uns erstreckt sich die Blütezeit von April bis September/Oktober, insbesondere in vollsonnigen Lagen. Leuchtende, himmelblaue Blütenköpfchen mit gelber Mitte auf längeren Stielen sind über die aufrecht wachsende Pflanze, die 30 bis 50 cm hoch wird, gleichmäßig verteilt. Bevorzugt wird sie auf Beeten und in bunten Gefäßpflanzungen verwendet. Bei der sehr robusten Kapaster kommen Krankheiten kaum vor. Bis auf das regelmäßige Entfernen verblühter Blumen sind keine besonderen Pflegemaßnahmen erforderlich. Vermehrungen durch Stecklinge

Nur in voller Sonne, aber dann nahezu unübertrefflich ist das Farbenspiel der Gazanienblüten (*Gazania*-Hybriden).

und Samen sind möglich, lohnender ist aber die Überwinterung in frostfreien, hellen und kühlen Räumen.

Fuchsia-Hybriden

Fuchsie
Familie: Oenotheraceae
Heimat: Südamerika

Fuchsien begeistern jeden Pflanzenliebhaber mit ihrem Charme. Mehrere tausend Sorten in der ganzen Welt zeigen eine faszinierende Vielfalt von Blütenfarben und -formen (siehe Seiten 12, 61, 63). Einfache, halbgefüllte oder gefüllte Blüten in Weiß, Rosa, Rot, Violett oder zwei Farben gemeinsam erscheinen bei richtiger Pflege von April bis Oktober ohne Unterbrechung. Die halbhängenden und hängenden Sorten eignen sich besonders gut für Ampeln und Balkonkästen. Bei den traubenblütigen Fuchsien, den Triphylla-Hybriden, werden die Blüten in dichten »Trauben« an den Triebenden gebildet. Dominierend sind hier rosa, rote und orange Farbtöne. Die bevorzugten Standorte aller Fuchsien sind schattig oder leicht schattig. Bei gleichmäßiger Wasserversorgung vertragen sie aber auch volle Sonne. Gerade an hellen Standorten entfalten sie einen unglaublichen Blütenreichtum. Bei Überwinterung an einem geeigneten Standort, entsprechender Pflege und sorgfältigem Schnitt werden die Fuchsien im Laufe der Jahre mit ihrem knorrigen Holz zu wahren Charakteren. Eine Vermehrung über Stecklinge ist recht einfach und in den Sommermonaten leicht auszuführen. Bei großblumigen Sorten bilden sich besonders bei Nährstoffmangel Samenstände, die unbedingt entfernt werden sollten. Andernfalls wird die Blütenproduktion vermindert. Geschädigte Blätter sollten regelmäßig ausgeputzt werden, sonst können bei kühler, regenreicher Witterung leicht Infektionen durch Rostpilze oder Grauschimmel auftreten. Auf Befall durch Weiße Fliege und Läuse ist zu achten.

Gazania-Hybriden

Mittagsgold, Gazanie
Familie: Compositae
Heimat: Südafrika

Als einjährige Sommerblume kennen wir Gazanien von Beeten oder bunten Kästen. Bei gedrungenem Wuchs werden sie 20 bis 30 cm hoch, die Blüte von Mai bis September ist nicht immer gleichmäßig. Aber die großen Einzelblüten in den Farben Gelb, Weiß, Orange, Braun und zum Teil auch mit andersfarbigen, ringförmigen Zeichnungen auf den Blütenständen, bringen viel Abwechslung in die Sommerpflanzung. Die Blüten sind nachts geschlossen und auch bei feuchter Witterung mögen sie sich nicht ganz öffnen. Gazanien lieben die volle Sonne, Wind macht ihnen nichts aus. Verblühte Blumen werden aus optischen Gründen, und, um die Samenbildung zu verhindern, entfernt. Die übliche Vermehrung wird durch Aussaat im Februar oder März vorgenommen.

Helichrysum bracteatum

Strohblume
Familie: Compositae
Heimat: Australien

Einjährige Strohblumen wurden in der Vergangenheit zur Beetbepflanzung verwendet. Diese Beetsorten werden 40

Rechte Seite oben: Gelbe Strohblumen *(Helichrysum bracteatum)*, orange und intensiv rote Mittagsblumen (*Lampranthus*- und *Delosperma*-Arten) sind eine Kombination für die pralle Sonne und trockenen Standort.

Rechte Seite mitte: Bienen und Schmetterlinge lassen sich gerne vom Heliotrop *(Heliotropium arborescens)* anlokken.

Rechte Seite unten: Hängender Wuchs, pinkfarbene Blüten und kupfergrünes Laub machen die Kaskadenblume *(Heterocentron elegans)* zu einer Bereicherung.

bis 80 cm hoch, das Spektrum der Blütenfarben ist recht vielseitig mit rosa, roten, gelben, weißen und braunen Farbtönen. Mit den Sorten 'Golden Beauty' und 'Diamond Head' stehen nun buschigüberhängend wachsende Strohblumen speziell für Ampeln und Gefäßpflanzungen zur Verfügung. Ihre Blütenfarbe ist goldgelb. Sie erreichen eine Höhe von 15 bis 20 cm und lieben vollsonnige, möglichst regengeschützte Standorte. Denn bei feuchter Witterung schließen sie die Blüten, was sonst nur abends der Fall ist. Während der Blühperiode von Mai bis September/Oktober empfiehlt sich, die verblühten Blumenstände zu entfernen. Hiermit wird unerwünschter Samenansatz verhindert und die Nachblüte gefördert. Übermäßige Wassergaben sollten vermieden werden. Gelegentlich tritt Befall durch Weiße Fliege oder Läuse auf. Bei den Beetsorten ist die Vermehrung über Samen üblich, bei den Ampelsorten durch Stecklinge. Strohblumen sind im Herbst tolerant gegen niedrige Temperaturen, so werden erste leichte Nachtfröste durchaus vertragen.

Heliotropium arborescens

Sonnenwende, Heliotrop, Vanilleblume
Familie: Boraginaceae
Heimat: Peru

Heliotrop wächst buschig-aufrecht, sortenabhängig werden sie 25 bis 50 cm hoch. Auffällig sind bei dieser in der Regel einjährig kultivierten Pflanze die tiefblauen Einzelblüten, die in Dolden angeordnet, eine ausgezeichnete Fernwirkung ergeben. In bunt bepflanzten Gefäßen erstreckt sich die Blüte von Mai/Juni bis in den September hinein — ohne Pause. Sonnige Plätze werden bevorzugt, aber auch leicht schattige Standorte werden toleriert. Vermehrt wird durch Samen, im Sommer können aber auch Stecklinge bewurzelt werden. Normalerweise sind Heliotrop recht robuste Pflanzen, die keiner besonderen Pflege bedürfen. Sie sind aber sehr frostempfindlich.

Rundum bewährt haben sich die Neuguinea-Impatiens (*Impatiens*-Neu-Guinea-Hybriden). Sie stehen bis weit in den Herbst in voller Blüte.

Überwinterung ist möglich und sollte bei 5 bis 10 °C erfolgen. In warmen Sommern können Weiße Fliegen unterhalb der Blätter angetroffen werden. Ein intensiver Vanilleduft lockt ständig zahlreiche Bienen und Schmetterlinge an.

Heterocentron-Hybride 'Cascade'

Schöner Rosamund, Kaskadenblume
Familie: Melastomataceae
Heimat: Süd- und Mittelamerika

Überschwenglich viele doldenartige Blütenrispen mit zahlreichen pinkfarbenen Einzelblüten, die im wohltuenden Kontrast zu den kupfergrünen Blättern stehen, haben diese »neue Pflanze« schnell bekannt gemacht. Der stark verzweigte, halbhängende Wuchs führt zu

einer Vielzahl von Verwendungsmöglichkeiten in Ampeln, Kübeln oder Balkonkästen. Die Pflanzenhöhe erreicht 20 bis 30 cm. Bis zum Herbst werden aber 40 cm lange, überhängende Triebe gebildet. Heterocentron ist nicht frosthart, eine Überwinterung in kühlen Räumen ist aber möglich. Sonnige, auch leicht schattige Standorte führen zur Dauerblüte von Mai/Juni bis Oktober, wobei die Blühintensität in den heißen Monaten nachläßt. Länger anhaltende Regenperioden führen zu Schäden an den Blütenblättern, daher sind regengeschützte Standorte vorteilhaft. In trockenen Sommern können Weiße Fliegen auftreten. Besondere Pflegemaßnahmen außer gleichmäßiger Wasser- und Nährstoffversorgung sind nicht erforderlich. Stärkere Bodentriebe sollten allerdings entfernt oder zurückgeschnitten werden.

42

Impatiens-Neu-Guinea-Hybriden

Neuguinea-Impatiens
Familie: Balsaminaceae
Heimat: Neu-Guinea

Neuguinea-Impatiens werden erst seit 1970 züchterisch bearbeitet. Inzwischen ist aber eine bestechende Fülle an Sorten mit oft dekorativen, bunten Laubblättern entstanden. Die gespornten, einfachen Blüten in weiß, rosa, orange, rot, violett zum Teil auch mit Zeichnung besitzen eine unglaubliche Farbintensität mit großer Fernwirkung. Sie sind deutlich größer als bei *Impatiens walleriana*. Diese krautige Pflanze mit kräftigen, fleischig verdickten Basistrieben wächst buschig und wird 20 bis 30 cm hoch. Neben Pflanzungen in Beeten und Gefäßen sind leicht überhängende Sorten besonders auch für Ampeln zu empfehlen. Diese Ampeln werden schnell zum Blickfang. Warme und geschützte Standorte in schattiger, wechselschattiger oder leicht sonniger Lage werden von ihnen bevorzugt. Neuguinea-Impatiens sind recht kälteempfindlich. Sie sollten daher nicht vor Juni ins Freiland gepflanzt werden. Stecklingsvermehrung ist üblich, es werden aber auch schon erste Samensorten angeboten. Als Dauerblüher läßt die Blüte erst im September bzw. Oktober nach. Besonders in Regenperioden sollten geschädigte Blätter und Blüten entfernt werden, um Pilzinfektionen vorzubeugen. An sonnigen Standorten ist besonders auf gleichmäßige Wasserversorgung zu achten.

Impatiens walleriana

Fleißiges Lieschen, Springkraut
Familie: Balsaminaceae
Heimat: tropisches Afrika

Als einjährige Sommerblumen bieten Impatiens vielseitige Verwendungsmöglichkeiten auf Beeten, in Ampeln oder Pflanzkästen (Bilder Seiten 2, 13, 25). Die krautige Pflanze mit fleischigen Trieben wächst gedrungen aufrecht und wird je nach Sorte 15 bis 30 cm hoch. In schattiger, halbschattiger oder auch in sonniger Lage wächst sie etwa gleich gut. Neben gefüllten Sorten, die allerdings nur untergeordnete Verbreitung gefunden haben, dominieren Sorten mit einfachen Blüten in Weiß, Rosa, Rot und Violett. Beliebt sind auch Blüten mit Zeichnungen oder gesternte Blüten. Fleißige Lieschen sind unermüdliche Dauerblüher von April bis September/Oktober. Sie sind sehr kälte- und frostempfindlich. An sonnigen Standorten ist häufiger zu gießen. Nur selten ist Befall durch Weiße Fliege oder Blattläuse festzustellen. Problemlos können Fleißige Lieschen aus Samen angezogen werden.

Nach milden Wintern oder auch im Sommer ist häufig an den vorjährigen Standorten zu beobachten, daß Sämlinge auflaufen. Diese können dann umgepflanzt werden.

Lampranthus conspicuus, Lampranthus aurantiacus

Mittagsblume, Feuer von Granada
Familie: Aizoaceae
Heimat: Südafrika

Mittagsblumen sind ausgesprochen sonnenhungrig. Sie bevorzugen trockene Standorte, übermäßige Wassergaben schaden ihnen. Die margeritenähnlichen Einzelblüten leuchten auffälig in den Farben Rosa, Weiß, Orange oder Lilarosa (Bild Seite 41). Leider sind sie bei Regenwetter oder auch nachts geschlossen. Der kriechend-hängende Habitus läßt sie in Ampeln und Balkonkästen besonders gut zur Wirkung kommen. Exotisch wirken die nadelförmig verdickten Blätter. *Lampranthus* können überwintert werden, die Anzucht erfolgt sonst üblicherweise aus Stecklingen. Es sind recht zähe und anspruchslose Pflanzen, die nur selten Krankheitsbefall aufweisen. Samenstände sollten regelmäßig entfernt werden, um eine stärkere Nachblüte zu erhalten.

erzogen. Nur in voller Sonne blühen Lantanen von April bis September/Oktober ohne Unterbrechung; die Blühintensität nimmt bei Wechselschatten deutlich ab. Dicht gedrängt stehen die Einzelblüten in doldenartigen Ständen. Ihre Farben sind Weiß, Rot, Rosa und Gelb, bei *Lantana montevidensis* blau. Je nach Alter der Blüten treten Farbvariationen (Wandelröschen!) auf. Da Lantanen recht wüchsig sind und stärkere Einzeltriebe bilden, können diese auch im Sommer eingekürzt werden. Der Entwicklung entsprechend sind Bewässerung und Düngung anzupassen. In trockenen Sommern können Weiße Fliegen und Spinnmilben zum Ärgernis werden, insbesondere, wenn der Standort zu sehr geschützt ist. Für zahlreiche Insektenarten, insbesondere für Schmetterlinge üben die Blüten große Anziehungskraft aus.

Lobelia erinus

Männertreu, Lobelie
Familie: Campanulaceae
Heimat: Südafrika

Vollsonnige bis leicht schattige Standorte sind ideal für die nicht frostharte, krautige Lobelie (Bilder Seiten 12, 22, 23). Auf Beeten, in Pflanzkästen oder auch in Ampeln (Pendula-Sorten) entfaltet sie ihre Blüten von Mai bis September in den Farben hell- bis dunkelblau, lila, weiß und rosa. Zum Teil weisen die Blüten auch Innenzeichnungen auf. Imponiert sie zumindest über Wochen durch ihren Blühreichtum, bleibt sie doch mit einem Längenwachstum von 10 bis 15 cm recht bescheiden. Es gibt stärkerwüchsige Ampelsorten wie 'Richardii' und 'Kathleen Mallard', die durch Stecklinge vermehrt werden. Sonst ist die Anzucht aus Samen üblich. Nach dem ersten Blütenflor im Juli/August fördert leichter Rückschnitt eine zweite Hauptblühphase. Übermäßige Stickstoffdüngung sollte vermieden werden, um nicht eine allzu starke Krautbildung und Befall durch Botrytis zu fördern.

Filigraner, herabhängender Wuchs und eine bizarre Blütenform zeichnen den Hornklee aus *(Lothus berthelotii)*.

Lantana-Camara-Hybriden, Lantana montevidensis

Wandelröschen
Familie: Verbenaceae
Heimat: tropisches Amerika

Das anfangs krautig, später buschig und verholzend wachsende Wandelröschen eignet sich als sicherer Dauerblüher hervorragend für Pflanzungen in Beeten und Gefäßen, aber auch für Ampeln (Bilder Seiten 23, 25). Einjahrespflanzen erreichen Höhen bis 30 cm, frostfrei überwinterte werden gerne zu größeren Büschen, Hochstämmchen oder Pyramiden

Lobularia maritima

Duftsteinrich, Steinkraut
Familie: Cruciferae
Heimat: Mittelmeergebiet

Zahlreiche, krautige, liegende oder hängende Triebe zeichnen diese äußerlich etwas bescheiden wirkende Einjahresblume aus, die nur Höhen von 5 bis 10 cm erreicht (Bild Seite 22). Aber ihre kleinen, weiß, rosa oder violett gefärbten Blüten stehen in dichten Trauben und erzielen so eine durchaus beachtliche Farbwirkung. Geeignet ist das Steinkraut für Beete oder als Beipflanze für bunte Balkonkästen. Als Dauerblüher von Mai bis September legt es doch einmal kleinere Blühpausen ein. Hier fördert ein leichter Rückschnitt den nachfolgenden Blütenflor. Sonnige, auch windexponierte Lagen mag Lobularia, aber keine naß-kalte Witterung. Hier sind Erkrankungen durch Mehltau- und Rostpilze möglich. Eigenanzuchten durch Aussaaten sind stets erfolgreich.

Lotus berthelotii

Hornklee
Familie: Leguminosae
Heimat: Mittelmeergebiet

Der Hornklee ist eine buschige Blatt- und Blütenpflanze, die lange und dünne Triebe bis zu 60 cm Länge bildet. Dieser Habitus spricht für die Verwendung in Ampeln und Balkonkästen. Die Blättchen erscheinen durch ihre Behaarung silbrig und da der Blühreichtum von Mai bis Oktober recht begrenzt ist, besteht der Hauptzierwert dieser Pflanze in den silbergrünen Rankentrieben. *Lotus* kann an einem kühlen Ort überwintert werden, vermehrt wird er über Stecklinge. Als robuste Pflanze erfordert er keine besonderen Pflegemaßnahmen. Wohl die beste Sorte ist 'Gold Flash', die auffällig geformte, goldgelbe Blüten mit rotbraunen Spitzen bildet. Bei zu hohen Temperaturen läßt aber auch hier die Blühwilligkeit nach.

Lysimachia congestiflora

Asiatischer Felberich, Pfennigkraut, »Lyssi«
Familie: Primulaceae
Heimat: Asien

Liebevoll wird sie von den Gärtnern »Lyssi« genannt. Sie ist eine wenig bekannte einjährige Sommerblume mit fleischig-krautigem Habitus für Ampeln und bunte Kastenbepflanzungen. Sie erreicht eine Höhe von 15 bis 20 cm, ihre Triebe verzweigen willig, sind aufrecht oder leicht überhängend. Mehrere Einzelblüten, goldgelb mit rötlichem Basalfleck,

Seine guten Eigenschaften werden den Felberich *(Lysimachia congestiflora)* bald bekannt machen.

45

Die Wuchskraft und Blühwilligkeit des Sonderkrauts *(Monopsis lutea)* ist immens.

blume ihren Namen gegeben. Sie blüht ununterbrochen von Mai bis September. *Melampodium* ist eine aus Samen vermehrbare einjährige Sommerblume für Beete und bunte Kastenbepflanzungen. Der Wuchs ist buschig-aufrecht, bis 25 cm hoch. Sonnige oder zumindest überwiegend sonnige Standorte werden bevorzugt. Die Pflanzungen sollten möglichst erst ab Ende Mai/Anfang Juni erfolgen, denn die Sterntalerblume ist recht kälteempfindlich. Besondere Pflege ist nicht erforderlich.

Monopsis lutea

Sonderkraut
Familie: Campanulaceae
Heimat: Südafrika

Nach mehrjähriger Prüfzeit war es soweit: Die auch als »gelbe Lobelie« bezeichnete *Monopsis* wurde 1993 erstmals angeboten. Wie bei Neueinführungen oft, ranken um diese Pflanze noch eine ganze Reihe von Geheimnissen. In Südafrika sind 9 Arten bekannt, zumeist einjährige Kräuter. An bevorzugt vollsonnigen Standorten, in Ampeln und Pflanzkästen, entwickeln sich von April/Mai bis September/Oktober dicht gedrängt die goldgelben »Lobelienblüten«, die ganz typisch zweilippig und mit Deckblättern aufgebaut sind. Die Wuchskraft ist recht üppig, zahllose, gut verzweigte Triebe hängen locker herab. Für gleichmäßige Wasserversorgung ist das Sonderkraut dankbar.

befinden sich jeweils in endständigen, kugeligen Dolden. Die Blüte hält über die Monate April bis September an, insbesondere an sonnigen bis halbschattigen Standorten. Vermehren kann man *Lysimachia* durch Stecklinge.

Melampodium paludosum

Sterntalerblume, Gelbe Margeritenblume
Familie: Compositae
Heimat: Sri Lanka und Mittelamerika

Margeritenähnliche bis 4 cm große gelbe Einzelblüten haben der Sterntaler-

Myosotis sylvatica, Myosotis-Hybriden

Vergißmeinnicht
Familie: Boraginaceae
Heimat: Europa–Sibirien

Die zweijährigen Vergißmeinnicht kennen wir als Beetpflanze. Gerne wird sie aber auch zur Herbst- oder Frühjahrspflanzung in Gefäßen verwendet. Der Wuchs ist aufrecht, sortenabhängig 15

46

bis 30 cm hoch werdend, bei starker Verzweigung. *Myosotis* bevorzugen sonnige bis halbschattige Lagen. Auch gegen Wind haben sie nichts. Von März bis Mai blühen sie in den Farben Hell- bis Dunkelblau, Rosa und Weiß. Dabei sitzen die kleinen Blüten in lockeren Trauben. Ausgesät wird im Juni/Juli. Bei Herbstpflanzung sollte ein Winterschutz mit Tannenreisig vorgesehen werden. Üblicherweise erfolgen Pflanzungen aber bevorzugt im Februar/März. Bei ungünstigen Witterungsbedingungen können Echter Mehltau und Botrytis auftreten, gelegentlich auch Blattläuse.

Nolana napiformis

Glockenwinde
Familie: Nolanaceae
Heimat: Chile

Hängend-kriechender oder klimmender Wuchs, bis 20 cm Höhe und Ausbildung von bis zu 50 cm langen Ranken zeichnen die Glockenwinde aus. Es ist eine wenig bekannte, erst in den letzten Jahren neu eingeführte einjährige Sommerblume für Ampeln oder bunte Balkonkästen. Von Juni bis September bestechen die 5 cm großen Glockenblüten in leuchtendem Blau mit gelblichweißem Schlund. Wie bei anderen Winden auch, ist die Haltbarkeit der Einzelblüte allerdings begrenzt. Die Ausbildung von Sa-

menkapseln ist der Blühdauer abträglich, daher ist regelmäßiges Ausputzen zu empfehlen. Glockenwinden sind wärmeliebend und regelrechte Sonnenkinder — entsprechend fühlen sie sich nur an hellen, geschützten Standorten wohl. Ihre Vermehrung erfolgt über Samen.

Osteospermum-Hybriden, Osteospermum ecklonis

Kapkörbchen, Kapmargerite
Familie: Compositae
Heimat: Südafrika

Ebenso wie die verwandte *Dimorphotheca* ist die Kapmargerite in Südafrika heimisch. Es ist eine für Beete und gleichermaßen für bunte Kastenpflanzungen geeignete einjährige Art, die aus Stecklingen vermehrt wird. Sie wächst aufrecht, 20 bis 30 cm hoch werdend und leicht überhängend. Ihr Habitus ist strauchig, die Triebe sind stark verzweigt. Sie lieben sonnige Standorte, sind aber sonst recht wetterfest und windunempfindlich. Die Hybriden blühen purpurviolett oder blau-weiß. Die auffallend schönen margeritenähnlichen Blüten von *O. ecklonis*, die oben weiße und unten violette oder blaue Strahlenblüten sowie violettblaue Scheibenblüten aufweisen, sind von Mai/Juni bis September/Oktober ein beachtlicher Blickfang. Zur Förderung der Nachblüte sollten Samenstände

47

häufiger ausgeputzt werden. Auch ist der Nährstoffbedarf recht hoch. Gelegentlich ist mit Blattlausbefall zu rechnen. Eine Überwinterung von Kapmargeriten ist in frostfreien, hellen Räumen möglich.

Pelargonium-Zonale-Hybriden

Geranie, Pelargonie, Zonalpelargonie
Familie: Geraniaceae
Heimat: Südafrika

Pelargonien zählen zu den klassischen Balkonpflanzen, die in jedem Jahr ihre Zuverlässigkeit hinsichtlich Blühdauer, Reichblütigkeit und Robustheit beweisen (Bilder Seiten 21, 22, 23). Sie sind fast unverwüstlich, auch bei großer Hitze. Um 1710 gelangte die Art *Pelargonium zonale* nach Europa und bald begannen erste züchterische Arbeiten. Alle *Pelargonium*-Zonale-Hybriden wachsen aufrecht und bis zu 35 cm hoch. Auf den Blättern sind noch bräunlich ausgefärbte »Zonen« erkennbar. Die Triebe sind zunächst fleischig, um im Alter zu verholzen. Die Einzelblüten stehen dicht gedrängt in Dolden. Sie sind einfach, halbgefüllt oder gefüllt. Stehende Pelargonien in Gefäßen dominieren mit ihrem Farbspiel in Rot, Rosa, Weiß, Violett, oder auch zweifarbig alle Sommerblumenpflanzungen von April/Mai bis September/Oktober. Die Leuchtkraft und Fernwirkung ist enorm. Als Südafrikanerin gehört sie zu den Sonnenanbetern. Vollsonnige Standorte sollten es sein, denn in schattiger Lage werden mehr Blätter und weniger Blüten gebildet. Hier ist sie auch krankheitsanfälliger gegenüber Grauschimmelpilzen. In Norddeutschland sollten bevorzugt einfach oder halbgefüllte Sorten Verwendung finden, denn gefüllte Blüten sind nicht ganz regenfest. Hier empfiehlt sich auch, regelmäßig altes Laub und verblühte Dolden zu entfernen. Trockene und kühle Überwinterung ist möglich, insbesondere wenn Sonderformen wie Pyramiden oder Büsche angezogen werden sollen. Die Vermehrung

über Stecklinge ist recht sicher durchführbar. Angeboten wird aber auch Saatgut von F_1-Hybriden.

Pelargonium-Peltatum-Hybriden

Hänge-, Efeupelargonie, Hängegeranie
Familie: Geraniaceae
Heimat: Südafrika

Pelargonium-Peltatum-Hybriden werden als Hängepelargonien bezeichnet. Es sind reichverzweigte, im Alter verholzende und 40 bis 60 cm lange Triebe bildende Pflanzen, deren Blätter ledriggrün sind und daher auch Efeupelargonien genannt werden (Bilder Seiten 6, 8, 23, 25, 28, 93, 96). Der Wuchscharakter bestimmt ihre Eignung für Kastenbepflanzungen und Ampeln. Ausgangspunkt aller Züchtungen ist die Wildart *P. peltatum*, die 1701 nach Europa gelangte. Eine Vielzahl von Einzelblüten in Rosa, Rot, Weiß, Violett oder auch mit zwei Farben stehen dicht gedrängt und bewirken wahre Blütenteppiche mit beachtlicher Fernwirkung. Hängepelargonien lieben die volle Sonne, nicht aber windexponierte Standorte, da hier leicht Windbruch der zarten Triebe auftreten kann. Auch halbschattige Lagen werden vertragen, hier nimmt die Blühleistung aber drastisch ab. Die einfachen, halbgefüllten und gefüllten Blüten erscheinen ohne Pause von Mai bis September. Im Vergleich zu stehenden Pelargonien sind sie gegenüber Witterungseinflüssen deutlich robuster. Besonders zeichnen sich die einfach blühenden Sorten durch Regenfestigkeit aus. Ihre Selbstreinigung, bei der ältere Blütenblätter abgeworfen werden, ist gut. Dennoch sollten gelegentlich die alten Blütenstände sowie geschädigte Blätter entfernt werden. Dies beugt Infektionen durch Rostpilze oder Botrytis vor. Vermehrungen durch Stecklinge gelingen jedem Pflanzenfreund. Heute wird aber auch schon Saatgut von F_1-Hybriden angeboten. Zu den klassischen Hängepelargonien zählen Sorten der Gruppen

'Ville de Paris' und 'Cascade'. Sie können an trockenen und kühlen, aber frostfreien Standorten überwintert werden.

Pentas lanceolata

Pentas
Familie: Rubiaceae
Heimat: Afrika

Als ein- oder mehrjährig zu kultivierende Sommerblume für Beete und bunte Balkonkästen sind *Pentas* bisher nur wenigen Experten bekannt. Sie wächst aufrecht, wird je nach Sorte 20 bis 50 cm hoch, ist zunächst krautig und verholzt dann im Alter. Der Habitus ist buschig. *Pentas* sind sehr robust. Sie bevorzugen die Sonne, entwickeln sich aber auch in halbschattiger Lage. Sie sind windverträglich und wetterfest. Ihre roten, rosa, weiß oder lila gefärbten Blüten stehen dicht gedrängt in endständigen Trugdolden und erscheinen ununterbrochen von Mai bis September/Oktober. Stecklingsvermehrung ist leicht möglich, auch die Überwinterung gelingt an geeigneten Standorten. Wurzelschäden können bei überhöhten Wassergaben auftreten und auf Läuse, Weiße Fliege oder Spinnmilben sollte geachtet werden. Zu empfehlen ist das Ausputzen der verblühten Blütenstände. Unzählige Bienen, Schmetterlinge und andere Insekten werden von dieser schönen Pflanze magisch angezogen.

Petunia-Hybriden

Petunie
Familie: Solanaceae
Heimat: Südamerika

Als klassische Sommerblumen sind Petunien für Beete, Ampeln und Gefäßpflanzungen geeignet, sowohl in reiner Pflanzung oder auch in bunten Kästen mit Begleitpflanzen. Sie sind einjährig, aus Samen angezogen, mit krautig verzweigten Trieben, die zunächst aufrecht wachsen und 20 bis 35 cm hoch wer-

den, um dann später leicht oder deutlich überzuhängen. Von Mai bis September/ Oktober erscheinen in verschwenderischer Fülle die recht großen Einzelblüten, besonders in warmen und sonnigen Lagen. Auch halbschattige Standorte sind geeignet, wobei hier die Blühintensität nachläßt und die Pflanzen nicht bis zum Herbst durchhalten. Windexponierte Lagen sagen ihnen gar nicht zu. Die Blüten sind einfach oder gefüllt in den Farben Weiß, Rosa, Rot, Blau, Violett und Gelb. Sie können aber auch zweifarbig, gesternt, geadert oder mit Randzeichnung sein. Abgeblühte Blumen sollten mit den Samenansätzen entfernt werden, um die Nachblüte zu fördern. In Norddeutschland sind möglichst regengeschützte Standorte zu bevorzugen, um Infektionen durch Botrytis vorzubeugen. Hier hilft auch eine reduzierte Stickstoffdüngung. 1992 wurden erstmals sog. Surfinia-Petunien aus Japan angeboten, die rankende Blütenteppiche bis 2 m Länge bilden (Bilder Seiten 1, 12, 62, 78, 99). Leuchtende Farben in Dunkelpurpur oder rosigem Lilaton, seit 1993 auch in Weiß, dominieren alle Sommerblumenpflanzun-

Als noch wenig bekannte Liebhaberpflanze ist Pentas *(Pentas lanceolata)* einen Versuch wert.

gen. Sie sind äußerst regen- und wetterfest. Mit ihrer großen Wuchskraft verbunden ist der hohe Wasser- und Nährstoffbedarf. Surfinia-Petunien können als die aufregendsten Neuerscheinungen der letzten Jahre bezeichnet werden.

Phlox drummondii

Flammenblume (Einjahresphlox)
Familie: Polemoniaceae
Heimat: Nordamerika

Diese kleine, aufrecht wachsende, 15 bis 20 cm hoch werdende einjährige Sommerblume liebt sonnige Standorte. Sie ist wetter- und windfest. *Phlox* eignet sich für Beete und bunte Balkonkästen als Beipflanze. Die leuchtenden Blüten in Weiß, Gelb, Rosa, Rot und Blau erscheinen von Mai bis September, allerdings nicht durchgehend in üppiger Fülle (Bild Seite 47). Einige Sorten weisen auch gesternte Blüten auf. Um die ständige Nachblüte zu erhalten, sollten die verblühten Blumendolden regelmäßig entfernt werden. Kühle, feuchte Witterung mögen diese krautigen Pflanzen nicht so gerne, dann können Blattfleckenpilze

Portulaca umbraticola ist mit ihren leuchtenden, einfachen Blüten eine schöne Ampelpflanze.

oder Mehltau auftreten. Die Samensorten werden meistens in Mischungen angeboten.

Plectranthus fruticosus

Mottenkönig, Weihrauchkraut, Harfenstrauch
Familie: Labiatae
Heimat: Tropische Gebiete Afrikas und Asiens

Bei Überwinterung ist der Mottenkönig eine mehrjährig ausdauernde Blattschmuckpflanze. In Ampeln oder Pflanzgefäßen bildet er 50 bis 70 cm lange, hängende Triebe. Die kleinen, blauen Blüten sind unscheinbar. Dagegen sorgen die grün-weißen Blätter für einen hohen Schmuckwert. Sowohl sonnige als auch schattige Standorte werden toleriert. Dabei ist er robust und wetterfest. *Plectranthus* ist starkwüchsig. Zu lang werdende Einzeltriebe können problemlos eingekürzt werden. Auch die Stecklingsvermehrung ist recht einfach. Die Blätter verbreiten einen auffälligen aromatischen Duft, der der Pflanze auch den Namen »Weihrauchkraut« brachte.

50

Portulaca grandiflora, Portulaca umbraticola

Portulakröschen
Familie: Portulacaceae
Heimat: Südamerika

Portulakröschen sind bei Überwinterung auch über mehrere Jahre zu haltende Sommerblumen für Beete, kleine Ampeln und bunte Balkonkästen als Beipflanze. Sie wachsen gedrungen mit verdickten, nadelförmigen (*P. grandiflora*) bzw. flachen (*P. umbraticola*) Blättern und sind reich verzweigt. An vollsonnigen Standorten in Südlage erreichen sie eine Höhe von 10 bis 15 cm. Einfache, halbgefüllte oder gefüllte Blüten mit großer Leuchtkraft erscheinen von Juni bis September in den Farben Weiß, Rot, Rosa und Gelb sowie in vielen Pastelltönen. Der Blühreichtum befriedigt witterungsbedingt nicht immer. Verblühte Blumen und Samenstände sollten gelegentlich entfernt werden. An warmen und trockenen Standorten ist das Portulakröschen unproblematisch und anspruchslos, es mag aber keine Kälte. Daher sollte nicht vor Anfang Juni ins Freie gepflanzt werden. Stecklingsvermehrungen und Aussaaten sind gleichermaßen möglich.

P. grandiflora wird häufiger in Töpfen, *P. umbraticola* dagegen in Ampeln angeboten.

Primula vulgaris

Kissenprimel
Familie: Primulaceae
Heimat: Europa–Kleinasien

Primeln gehören stets zu den ersten, die uns den kommenden Frühling ankündigen. Bereits im Herbst oder noch im Februar/März gepflanzt sind sie für die Frühjahrsblüte auf dem Balkon bestens geeignet (Bild Seite 17). Die überaus reiche Farbpalette ihrer Blüten geht von Weiß, Rosa, Rot und Blau zweifarbigen oder solchen mit einer auffälligen Innenzeichnung. Die Einzelblüten sitzen auf 5 bis 10 cm langen Stielen. Als winterharte, ausdauernde Staude auch für Beete geeignet, hat sie einen rosettenartigen und kompakten Wuchs. Sie liebt halbsonnige und halbschattige Standorte. Dabei ist sie durchaus robust und wetterfest. Bedeutung haben in Töpfen angezogene Primeln für die Wechselpflanzung von Gefäßen erlangt. Diese können nach der Blüte in den Garten umgesetzt werden. Bei Herbstpflanzungen sind Winterschutzmaßnahmen vorzusehen. Nicht ausreichend abgehärtete Primeln vertragen im Frühjahr nur geringe Frostgrade. Eigenanzuchten durch Aussaaten sind leicht durchführbar. Während kühl-feuchter Witterung tritt gelegentlich Botrytis auf, Läuse nur selten.

Salvia splendens

Feuersalbei
Familie: Labiatae
Heimat: Brasilien

Als einjährige, krautige Sommerblume eignet sich der Feuersalbei besonders für Beete und bunte Kastenpflanzungen (Bild Seite 13). Er liebt sonnige Standorte und verträgt auch Wind. Der Wuchs ist aufrecht, 20 bis 30 cm hoch. Insbesondere die feuerroten langen Blütenrispen haben dieser Pflanze den berechtigten Namen gegeben. Weniger leuchtend sind dagegen violette und orange Farbtöne. Die Blüte dauert von Mai/Juni bis zum September. Salvien sind während der Jugendzeit kälteempfindlich und sollten im Frühjahr erst später ausgepflanzt oder in kalten Nächten zunächst noch geschützt werden. Vermehrung durch Samen.

Sanvitalia procumbens

Husarenknopf, Sanvitalie, Goldrandblümchen
Familie: Compositae
Heimat: Mexiko

Mit goldgelben oder orange gefärbten, in der Mitte braunschwarzen Blütenköpfchen, bezaubert der Husarenknopf von Mai/Juni bis September/Oktober (Bilder Seiten 10, 23). Im Herbst verträgt er sogar erste leichte Fröste. Diese aus Samen vermehrbare, einjährige Sommerblume wächst kriechend-breit in Beeten, bunten Balkonkästen oder auch in Ampeln. Der Wuchs ist aufrecht, 10 bis 20 cm hoch, mit der Zeit zunehmend überhängend. Als krautige Pflanze bevorzugt sie sonnige Plätze, sie ist aber wind- und wetterfest. Besondere Pflegemaßnahmen sind nicht erforderlich.

Scaevola aemula

Blaue Fächerblume
Familie: Goodeniaceae
Heimat: Australien

Eine der interessantesten und besten Neueinführungen der letzten Jahre ist die äußerst robuste, windunempfindliche und wetterfeste Blaue Fächerblume (Bilder Seiten 1, 10, 100). Ihre Triebspitzen sind übersät mit jeweils fünf bis 15 violettblauen fächerförmigen Einzelblüten. Wer diese Pflanze einmal in Beeten, in Ampeln oder in bunten Kästen gepflegt hat, ist begeistert! Die Wuchsform ist halbhängend mit nach außen gebogenen Trieben, die eine Länge bis 50 cm erreichen. Jüngere Pflanzen sind zunächst etwas sparrig aufgebaut, verzweigen sich dann aber selbst sehr willig. *Scaevola* sind nicht frosthart. Es kann sich aber lohnen sie zu überwintern. Eine Stecklingsvermehrung gelingt nur mühsam. Helle und sonnige Orte führen zu üppiger Blütenfülle von Mai bis September/Oktober. 1992 wurde erstmals auch eine Hybride unter dem Sortennamen 'Petite' angeboten. Sie ist wesentlich zierlicher, gedrungen im Wuchs und mit dichter Verzweigung. Kleine zartlila Blüten in üppiger Fülle zeigen den Charakter einer Wildblume. Da bei allen *Scaevola* verblühte Blumen stets abgeworfen werden, erübrigen sich besondere Pflegemaßnahmen. Der verhältnismäßig starke Zuwachs erfordert höhere Wasser- und Düngergaben.

Senecio bicolor

Greiskraut
Familie: Compositae
Heimat: Mittelmeerraum

Diese halbstrauchige, bei uns meist einjährige Blattschmuckpflanze wird bevorzugt ab Spätsommer/Herbst in Beeten oder Balkonkästen verwendet (Bild Seite 55). Der Wuchs ist aufrecht, sie wird je nach Sorte 20 bis 40 cm hoch. Das Greiskraut bringt nur unscheinbar gelbe Blüten hervor. Großen Schmuckwert besitzen dagegen die dekorativen silbrigen oder grauweiß-filzigen Blätter, die oftmals wollig behaart sind. Es ist eine samenvermehrbare Art, die pflegeleicht ist und keine besonderen Pflegemaßnahmen erfordert. Mehltau oder Blattläuse treten nur selten auf.

Solanum muricatum

Pepinofrucht, Pepino
Familie: Solanaceae
Heimat: Südamerika

Unseren Kartoffeln nahestehend, kommt die Pepinofrucht ebenfalls aus Südamerika. Sie ist eine äußerst starkwüchsige, krautige Gefäß- und Ampelpflanze und wird meist einjährig kultiviert. Sie wächst buschig-aufrecht und wird bei guter Verzweigung bis zu 40 cm hoch. Im Alter hängen die Triebe über. Von April/Mai bis August/September erscheinen unscheinbare, lila gesternte Blüten. Schmuckwert und exotisches Aussehen besitzen hingegen die reichlich angesetzten Früchte. Oval, goldorange gefärbt mit violetten Streifen erreichen sie die Größe von Gänseeiern. Die Früchte sind eßbar und haben den Geschmack von Honigmelonen. Pepino lieben die Sonne. Sie werden aus Stecklingen vermehrt. Bedingt durch das überaus starke Wachstum muß viel gewässert und gedüngt werden. Nachteilig ist, daß auch Weiße Fliege und Spinnmilben Gefallen an dieser kuriosen Art gefunden haben.

52

Tagetes-Patula-Hybriden, Tagetes-Erecta-Hybriden

Studentenblume, Sammetblume
Familie: Compositae
Heimat: Mexiko

Wir kennen die einjährige, aus Samen vermehrte, krautige Sommerblume überwiegend von Beetpflanzungen. Sie können aber als preiswerte Alternative auch in Gefäßpflanzungen Verwendung finden. Die Studentenblume wächst aufrecht, wobei die niedrigen Sorten 15 bis 30 cm hoch werden (Bilder Seiten 23, 34). Als ausgesprochen robuste, ausdauernde und reichblütige Pflanze liebt sie zwar die Sonne, wechselschattige Standorte können ihr aber auch nichts anhaben. So blüht sie auch hier ununterbrochen von Mai bis September/Oktober, wobei ihre einfachen, halbgefüllten oder gefüllten Blüten in den Farben Gelb, Orange, Braun oder auch als zweifarbige Blüte eine überaus große Leuchtkraft besitzen. *Tagetes* sind etwas kälteempfindlich, bei feucht-kalter Witterung sind Infektionen durch Botrytis möglich. Trotz des Eigengeruchs naschen gelegentlich Blattläuse oder Schnecken an den Blättchen. Die Blüten hingegen werden von zahlreichen Schmetterlingsarten und anderen Insekten besucht.

Thunbergia alata

Schwarzäugige Susanne, Thunbergie
Familie: Acanthaceae
Heimat: Südostafrika

Als einjährige, samenvermehrbare, krautige Schlingpflanze ist die Thunbergie eine auffällige Erscheinung in Ampeln oder auch an einem Spalier als Höhepunkt in Gefäßen. Von Juni bis September blüht sie mit 3 bis 4 cm langen trichterförmigen Einzelblüten, die gelb bis bräunlichgelb sind und oft einen dunklen Schlund (schwarze Augen) haben. In sonniger Lage zeigt sie, was sie kann und bildet bis zu 2 m lange Rankentriebe aus. Gelegentlich treten an be-

An den Früchten kann man sie erkennen, die Pepinofrucht *(Solanum muricatum)*.

Als Schlingpflanze will die Schwarzäugige Susanne *(Thunbergia alata)* meist ganz nach oben.

sonders geschützten Standorten Weiße Fliege, Blattläuse oder Spinnmilben auf. Vorteilhaft ist für die Blüte, wenn verblühte Blumen und Samenstände regelmäßig entfernt werden.

Thymophylla tenuiloba

Gelbes Gänseblümchen
Familie: Compositae
Heimat: Südliche USA bis Mexiko

Feinblättrige und reich verzweigte Triebe bildet das einjährige Gänseblümchen. Es wächst zunächst aufrecht, wird 15 bis 30 cm hoch und beginnt dann überzuhängen. Die goldgelben, bis 2 cm großen asterartigen Blüten bringen von Mai bis September/Oktober Farbe in

53

Das Gelbe Gänseblümchen *(Thymophylla tenuiloba)* bezaubert durch die Vielzahl seiner asterartigen Blüten.

Gerade die kleinblütigen Stiefmütterchen (*Viola*-Wittrockiana-Hybriden) können einen großen Charme verbreiten.

der Seiten 23, 69). Überwiegend wachsen die einjährigen Pflanzen aber staudig bis buschig und aufrecht (Bild Seite 70). Verbenen sind Dauerblüher von Mai/Juni bis September, wobei die Blühstärke aber nicht in allen Monaten gleich ist. Wenn dann aber die verblühten Blütendolden zurückgeschnitten werden, wird bei gleichzeitiger Nachdüngung die weitere Blütenbildung angeregt. Vollsonnige Standorte sind ideal. Im Schatten oder bei kühlfeuchter Witterung muß mit Befall durch Echten Mehltau gerechnet werden. Gelegentlich treten dabei auch tierische Schaderreger auf.

Viola-Wittrockiana-Hybriden

Stiefmütterchen
Familie: Violaceae
Heimat: Europa und Asien

Uns allen sind die Blüten von Stiefmütterchen vertraut. Immer wieder entfalten sie ihre charmanten, samtartigen, kleinen oder je nach Sorte auch sehr großen Blüten in den Grundfarben Weiß, Gelb, Rot und Blau. Dabei sind sie uner-

Ampeln und bunte Balkonkästen. Dennoch ist auch in sonniger Lage die Blühintensität nicht immer gleichbleibend. Ein Mangel, der den Wert der Pflanze aber nur wenig schmälern kann. Den dünnen, beweglichen Trieben kann Wind nicht viel anhaben. Bei zu trockenem Substrat reagiert *Thymophylla* sofort mit nachlassender Blüte, daher sollte gleichmäßig gegossen werden. Befall durch Mehltau oder Läuse tritt gelegentlich auf.

Verbena-Hybriden

Eisenkraut, Verbene
Familie: Verbenaceae
Heimat: Nord- und Südamerika

Viele kleine Einzelblüten in doldenartigen »Blütenbällen« führen bei Verbenen zu einem imposanten, leuchtstarken Farbenspiel. Sorten in den Farben Weiß, Blau, Rot und Rosa, auch mit Auge oder gesternt, sorgen auf Beeten und in bunten Gefäßbepflanzungen für eine breite Farbpalette. Spezielle Ampelsorten bilden 20 bis 30 cm lange Triebe aus (Bil-

54

müdliche Dauerblüher. Für Gefäßpflanzungen und in Beeten sind sie besonders geeignet. Robuste und frostharte Sorten mit ersten Blüten werden bereits im Herbst gesetzt, spätere Rassen folgen im Februar/März. Das ein- bis zweijährige, krautige Stiefmütterchen wird 15 bis 30 cm hoch, wobei die fleischigen Triebe zunächst aufrecht stehen, um dann durch das Gewicht der Blütenfülle auch leicht überzuhängen. Mit ihren Blütengesichtern suchen sie geradezu die Sonne. Übermäßige Stickstoffdüngung fördert Pilzerkrankungen. Nach einer Herbstpflanzung sollte bei extremen Frostgraden mit Tannenreisig abgedeckt werden. Eigenanzuchten aus Samen führen immer wieder zu guten Erfolgen.

Zinnia angustifolia ›Classic‹, eine einfachblühende Variante zu den gefüllten Sorten der Zinnien.

Zinnia elegans, Zinnia angustifolia

Zinnie
Familie: Compositae
Heimat: Mexiko

Als einjährige, aufrecht wachsende Sommerblumen kennen wir Zinnien von Beetpflanzungen. Schwachwüchsige Sorten, die nur 20 bis 30 cm hoch werden, eignen sich aber auch für bunte Gefäßbepflanzungen. Ihre einfachen, halbgefüllten oder gefüllten zum Teil recht großen Strahlenblüten besitzen eine große Leuchtkraft und Fernwirkung. Weiße, rosa, rote, gelbe und violette Farben dominieren im Sortiment. Nur in trockenen und warmen Sommern sind sie von Juni bis September Dauerblüher. Daher sollten warme, vollsonnige und luftbewegte Standorte, möglichst mit Regenschutz gewählt werden. Übermäßige Wassergaben führen leicht zu Wurzelschäden. Auch Kälte mögen sie nicht, hier erkranken sie leicht. Späte Pflanztermine sind

Greiskraut *(Senecio bicolor)* und die hoch wachsende *Verbena bonariensis.*

im Frühjahr immer zu bevorzugen. Wenn die verblühten Blumenstände regelmäßig entfernt werden, wird die Nachblüte gefördert.

Einkauf der Pflanzen

Balkon- und Ampelpflanzen werden oft nur über einen relativ kurzen Zeitraum von vier bis sechs Wochen angeboten. Zwar wird in einigen zumeist klimatisch begünstigten Gegenden mit Pelargonien oder Fuchsien die Sommerblumensaison bereits im April eröffnet, das Hauptangebot folgt im Süden aber erst um den 10, im Norden um den 20. Mai. Rund sechs Wochen später ist die Saison dann schon beendet. Vereinzelt werden in den Sommermonaten noch Solitärpflanzen in Gefäßen oder Ampeln sowie Folgesätze einiger Arten angeboten.

Daß beim Einkauf Qualitätspflanzen ausgewählt werden sollten, ist zwar selbstverständlich, aber oft nicht einfach zu realisieren. Denn was bedeutet Qualität bei Fleißigen Lieschen oder bei Pelargonien? Verschiedene Anhaltspunkte und Kriterien, die beim Einkauf beachtet werden sollten, können hierbei eine wesentliche Hilfe sein. Sie sollen Sicherheit geben für gesunde und blühsichere Sommerblumen.

Ländliches Idyll mit Pflanzen von Heute.

Qualitätskriterien

Oft wird der Fehler begangen, die am höchsten gewachsene Pflanze auszuwählen, aber nicht die längste ist die beste, sondern eine gut verzweigte, buschige Pflanze mit gedrungenem, kompakten Wuchs und festem Stand. Die Proportion von der Größe des Topfes zur Pflanzengröße und zur Pflanzenlänge steht dabei in einem harmonischen Verhältnis.

Die ersten Blüten sollen fast oder schon geöffnet, und reichlicher Knospenansatz deutlich sichtbar sein. Qualitativ hochwertige Pflanzen zeichnen sich durch mittel- bis dunkelgrüne Blätter aus, der Blattstand ist dicht mit kurzen Internodien (Trieblänge zwischen den Blattpaaren). Die Blätter sind unbeschädigt, weisen keine Flecken (Hinweis auf eventuelle Pilzerkrankungen oder Schädlinge) auf und blattunterseits sind keine tierischen Schaderreger (Läuse, Spinnmilben, Weiße Fliegen) feststellbar.

Auch die Wurzelentwicklung wird begutachtet. Die Wurzelballengröße muß in einem guten Verhältnis zur Pflanzengröße stehen. Der Ballen selbst ist fest und voll durchwurzelt. Die Wurzeln sind schneeweiß, ohne größere braune (eventuell schon verfaulte) Bereiche. Pflanzen, die vorwiegend braune, das heißt geschädigte, Wurzeln haben, werden später Problemfälle.

Das Pflanzengewebe soll fest, keinesfalls weich sein. Zu weiches Gewebe weist überwiegend auf nicht ausreichend abgehärtete Ware hin. Bei der Abhärtung werden die Pflanzen langsam an die äußeren Freilandbedingungen gewöhnt. In den Gewächshäusern wird dafür die Temperatur abgesenkt und kräftig gelüftet. Zu weiche Pflanzen entstammen oft überheizten Kulturräumen. Solche Pflanzen leiden ganz besonders in den ersten Tagen nach der Pflanzung.

Einkaufsorte

Der Pflanzenkauf ist Vertrauenssache. Vorteilhaft ist, wenn Fachpersonal für Beratung und Empfehlungen zur Verfügung steht. Gewährleistet wird dies in Endverkaufsgärtnereien, in Blumenfachgeschäften, in Gartencentern oder auch auf »Geranien- und Wochenmärkten«, wenn die Ware aus seriösen Betrieben stammt. Insbesondere die Lockangebote von einigen Discountern, Lebensmittelfilialen oder Baumärkten sind kritisch zu prüfen. Es handelt sich häufiger um überlagerte Ware, die aus Mangel an Fachpersonal, durch ungenügende Pflege und Wasserversorgung oder ungeeignete Angebotsräume in einem traurigen Zustand angeboten wird. Häufig stehen die Pflanzen dort vor den Türen in voller Sonne und dem Wind ausgesetzt, oder sie werden in zu dunklen Räumen angeboten. Dieser Hinweis darf natürlich nicht verallgemeinert werden, er soll aber zur kritischen Prüfung der angebotenen Ware anregen.

Für ein gezieltes Vorgehen ist es ratsam, bereits vor dem Einkauf eine Pflanzenliste mit dem tatsächlichen Bedarf aufzustellen. Diese Aufstellung sollte folgenden Überlegungen entsprechen: Einkauf von Pflanzenarten für bestimmte Standortbedingungen (Schatten, Sonne, Wind, Niederschläge) und Verwendungszwecke (Ampeln, Balkonkästen, Pflanzgefäße). Auswahl nach Wuchsbild (hängend, aufrecht), Entwicklungsgeschwindigkeit (geringer bzw. großer Massenzuwachs), Blühverhalten (Dauerblüher oder Arten mit Blühpausen) und schließlich besonders auch nach der Blütenfarbe. Nur ein wohlüberlegter Einkauf hilft Fehler vermeiden und Enttäuschungen verhindern. Denn die Sommerblumensaison dauert von Mai bis Oktober.

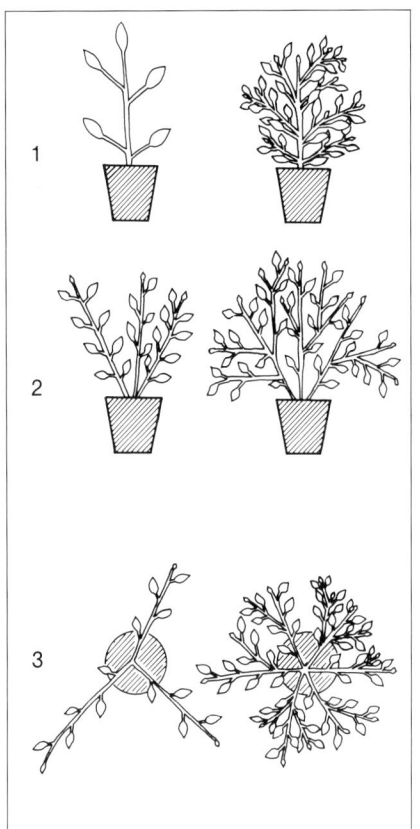

Kompakter, reichverzweigter Wuchs, mit kurzen Abständen zwischen den Blattansätzen und guter Blüten- und Knospenbesatz sind die wichtigsten Merkmale von Qualität. Links jeweils ein Negativ-, rechts ein Positivbeispiel von Fuchsien (1), Margeriten (2) und Fächerblumen (3).

Mengen und Abstände

Während Ampeln fast ausschließlich mit einer Pflanzenart bepflanzt werden, bieten Balkonkästen erheblich mehr Möglichkeiten. Um die Anzahl der benötigten Pflanzen festlegen zu können, muß die Wüchsigkeit der Arten berücksichtigt werden.

Der Pflanzabstand ist je nach Wuchskraft der Pflanzen unterschiedlich und beträgt zwischen 20 bis 25 cm bei den größer werdenden Pelargonien und 10 bis 15 cm bei Tagetes und Lobelien. Arten mit besonders üppiger Entwicklung erhalten einen Abstand von 25 bis 30 cm. Entsprechend der Entwicklungsgeschwindigkeit beträgt die benötigte Pflanzenzahl pro Balkonkasten (zum Beispiel $20 \times 20 \times 100$ cm) bei zweireihiger Pflanzung auf Lücke zwischen sieben

57

Mit drei Pflanzen entsteht eine gut gefüllte Ampel. Typisch ist der halbüberhängende Wuchs der Pantoffelblumen *(Calceolaria integrifolia)*.

bis 13 Pflanzen. Maximal sollten dabei bis zu fünf verschiedene Arten vorgesehen werden.

In Ampeln werden, je nach Größe der Ampel und Wüchsigkeit der Pflanze, ein bis drei Pflanzen pro Gefäß gepflanzt. Bei einer Ampel mit 15 cm Durchmesser kann mit einer, bei einer Ampel mit 25 cm Durchmesser mit drei Pflanzen gerechnet werden.

Vor der Pflanzung

Einige Vorarbeiten sollten grundsätzlich vor der Pflanzung durchgeführt werden. Ältere, bereits im Vorjahr genutzte Gefäße sollten zunächst intensiv gereinigt werden, um mögliche Krankheitserreger

zu entfernen. Dabei sind gleichzeitig verstopfte Wasserabzuglöcher zu öffnen und zum Beispiel durch Tonscherben vor einem erneuten Zusetzen zu schützen. Nun wird neues Substrat bis etwa 2 cm unterhalb des Gefäßrandes eingefüllt, das Substrat sollte pflanzfeucht sein. Die richtige Pflanztiefe ist erreicht, wenn die Oberfläche des Wurzelballens etwa 1 cm mit Substrat bedeckt ist. Die Ballen trockener Pflanzen sind vor der Pflanzung in Wasser zu tauchen. Gerade ausgetrocknete Wurzelballen nehmen sehr schlecht Wasser durch Gießen an. Nach der Pflanzung wird die Erde in den Gefäßen und um die Pflanzen gut angedrückt. Überschüssiges Substrat wird entfernt, um einen ausreichenden Gießrand zu erhalten.

58

Technik und Materialien von Balkonkästen und Ampeln

Im Handel wird inzwischen eine breite Palette der unterschiedlichsten Pflanzgefäße angeboten, die hinsichtlich des Materials, der Größe, Form und Farbe kaum noch Wünsche offen lassen. Neben der Ästhetik spielen aber noch weitere Gesichtspunkte eine Rolle: Preiswürdigkeit, Haltbarkeit, Eigengewicht, Froststabilität und maximale Gefäßgröße.

Achten Sie bei Kauf und Installation von Gefäßen auch auf die Vorrichtungen zum **Wasserabzug.** Alle Gefäße müssen, um Staunässe und damit Wurzelschäden zu vermeiden, über Vorrichtungen verfügen, die den Abfluß von Überschußwasser garantieren. Sie sind seitlich oder auch in der Mitte des Innenraums angebracht und sind häufig vor der Erstnutzung zu öffnen.

Ein wichtiges Ausstattungsmerkmal ist ein **Wasserspeicher.** Zur Reduzierung der Gießhäufigkeit und zur Sicherstellung der Versorgung auch im Kurzurlaub werden Spezialgefäße mit zwei Kammern angeboten (siehe Kapitel Wasserversorgung, Seite 71). Die obere Kammer enthält das Substrat mit den Pflanzen, während die untere Kammer mit Wasser gefüllt ist. Über Saugdochte oder Filtermatten wird das Wasser aus dem Reservoir zum Substrat geleitet. Einfüllrohre erleichtern die Wasserzugabe, Wasserstandsanzeiger ermöglichen die schnelle Kontrolle.

Materialien und ihre Eigenschaften

Die weit verbreiteten Kunststoffkästen sind oft als billige Massenartikel im Angebot. Sie sind dünnwandig und relativ leicht. Zu geringe Höhe und Breite, oft nach unten hin konisch zulaufend, erlauben nur geringe Substratmengen und damit auch nur geringe Standfestigkeit. Es gibt aber auch Fabrikate seriöser Anbieter. Diese Kästen haben eine hohe Lebensdauer, sind dickwandiger und schwerer, witterungsstabil und farbecht. Eternitkästen bestehen heute aus asbestfreiem Faserzement, sie haben ein hohes Eigengewicht und ihre Breite und Höhe sorgt für große Wurzelräume. Eternit- oder Fulguritkästen sind zwar sehr stabil, aber nicht schlagstabil. Durch Eigenanstrich kann die ursprünglich graue Zementfarbe überstrichen, die Farbe den eigenen Vorstellungen entsprechend ausgewählt werden.

Weniger oft im Angebot sind Holzkästen. Wichtig ist, daß gegen Fäulnis imprägnierte Bretter verwendet wurden, oder ein Holzschutzanstrich mit pflanzenverträglichen Mitteln erfolgte. Eichenholz sollte wegen seiner großen Haltbarkeit vor anderen Holzarten bevorzugt werden. Die Außenwände können farblich auf den späteren Standort abgestimmt sein.

Insbesondere in südlichen Ländern, in Italien, Spanien oder Griechenland, werden häufig Gefäße aus gebranntem Ton (Terrakotta) verwendet. Tongefäße sind »atmungsaktiv«, das heißt, sie lassen Sauerstoff und Wasser aber auch gelöste Salze durch die porösen Wände hindurch. Ihr Eigengewicht ist hoch. Oft bilden sich auf den Außenwänden bereits im ersten Jahr Moose und Algen — für einige störend, für andere aber durchaus naturnah. Nicht immer ist die Frostsicherheit bei diesen Gefäßen gewährleistet —

daher sollten sie bevorzugt nur für Sommerpflanzungen verwendet und im Winter geschützt werden.

Balkonkästen

Balkonkästen sind bereits ab 30 cm Länge im Handel. Überwiegend liegen die Längen bei 60 bis 100 cm. Hier entscheidet der spätere Standort über die Gefäßlänge, aber auch über die Gefäßbreite. Soll ein Fenstersims genutzt werden, darf die Gefäßbreite nicht mehr als die Simsbreite betragen. Spezialhalterungen sind für ausreichende Sicherheit einzuplanen. Kästen mit einer Breite von 19 bis 22 cm und einer Höhe von 18 bis 20 cm sollten bevorzugt werden. Sie geben genügend Spielraum für variable Pflanzungen und erleichtern aufgrund des großen Wurzelraumes die späteren Versorgungsarbeiten. Oft bestimmt aber das spätere maximale Gesamtgewicht (Gefäß + Substrat + Wasser + Pflanzen) die Gefäßgröße. Das Gesamtgewicht kann bei einem Kasten der Maße 20 × 20 × 100 cm durchaus 40 bis 50 kg be-

tragen. Entsprechend stabil sind Haltevorrichtungen auszulegen, beziehungsweise werden die Grenzen der Belastbarkeit für bestimmte Standorte erreicht. Bei Neubauten sollen grundsätzlich bereits im Planungsstadium Pflanztröge oder zumindest Halterungen vorgesehen werden.

Um einen sicheren und dauerhaften Abzug von Überschußwasser zu gewährleisten, können die Abzuglöcher mit einigen Tonscherben oder kleinen Kieselsteinen vor Verstopfung geschützt werden. Dabei ist zu berücksichtigen, daß häufiger Tropfenfall zu Ärgernissen beim Nachbarn in der unteren Etage führen kann.

Ampeln

Mit aufhängbaren Gefäßen (Ampeln) haben wir die Möglichkeit, blühende Pflanzen an Standorte und in Raumebenen zu bringen, die normalerweise nicht genutzt werden können und sonst unbegrünt bleiben. Dies wäre in herkömmlicher Weise nur mit größeren Kübel- oder

60

Kletterpflanzen möglich. Vom Handel werden Ampeln aus den unterschiedlichsten Materialien angeboten. Hierzu gehören Metallgefäße, Korbampeln, Ton- und Keramikampeln. Verbreitet sind die Kunststoffampeln, die von verschiedenen Firmen angeboten werden. Ihre Größen variieren von 10 bis 40 cm Durchmesser, der Substratinhalt liegt bei 1 bis 10 l. Die gängigen Größen haben einen Durchmesser zwischen 15 und 25 cm. Einige Ampeltypen verfügen über Wasserspeicher, wobei die Kontrolle über Wasserstandsanzeiger oder seitliche Kontrollfenster möglich ist. Andere hingegen haben Überlaufschalen unterhalb der Ampeln, in denen sich Überschußwasser ansammelt. Die meisten Kunststoffampeln zeichnen sich durch formschönes Design aus — ihre Farbgebung ist vielfältig. Bevorzugt werden die Farben weiß, braun und rotbraun. Schöne Ampeln gibt es auch als Terrakottagefäße.

Bei dem Einkauf ist auf eine robuste, dickwandige Ausführung zu achten. Billigangebote weisen oft mangelhafte Haltbarkeit auf. Ein häufiges Problem ist dabei die Versprödung und das nachfolgen-

de Brüchigwerden der Kunststoffe durch UV-Strahlen. Integrierte Löcher im oberen Ampelrand oder seitliche Nuten ermöglichen die rasche Anbringung von Aufhängern. Auch Ampeltöpfe, bestehend aus einem Dekortopf, Untersetzer mit Gießrand sowie Hängevorrichtung, sind für Gefäße von 10 bis 15 cm Durchmesser oft gute und preiswerte Lösungen. Selbst größere Töpfe können als Ampelcontainer auf diese Art aufgehängt werden.

Grundsätzlich sollte sowohl beim Einkauf bepflanzter Ampeln als auch bei der Selbstbepflanzung auf möglichst große Gefäße mit ausreichend großem Substratvolumen Wert gelegt werden. Dies ermöglicht eine ungestörte Pflanzenentwicklung und der Pflegeaufwand wird merklich reduziert. Dabei sind Gefäße mit Wasserspeicher zu bevorzugen. Zu kleine Ampeln führen zum Mißerfolg durch mangelnde Wasserspeicherung und zu geringe Nährstoffvorräte.

Aufhängung und Befestigung der Gefäße

Das Gewicht einzelner Pflanzgefäße kann erheblich sein. In Abhängigkeit von Gefäßeigengewicht, Substrat, dem gespeicherten Wasser und der Pflanzenmasse muß bei Blumenkästen je nach Größe mit Gesamtgewichten von bis zu

Ein Weidenkorb, bepflanzt mit einem Fuchsien-Hochstamm und dem Spanischen Gänseblümchen *(Erigeron karvinskianus).*

Halterungen für Balkonkästen können nach außen oder nach innen orientiert sein, oder auch mittig auf der Brüstung sitzen. Sorgfältige Befestigung auf einem tragfähigen Untergrund ist Pflicht.

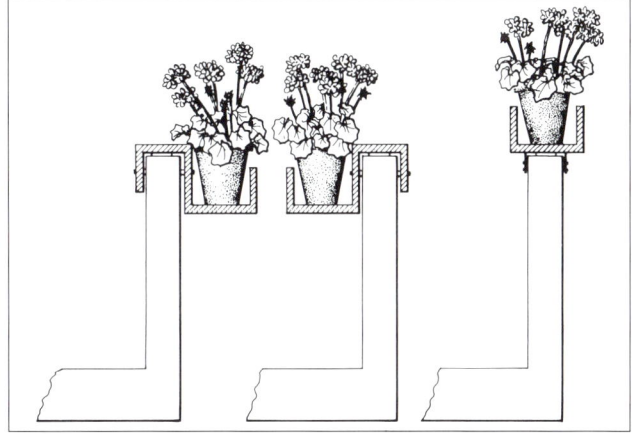

61

50 kg gerechnet werden. Bei Hängeampeln sind Gesamtgewichte von 1 bis 10 kg möglich. Hier muß natürlich absolut sichergestellt werden, daß die Gefäße auch bei Unwettern, etwa Sturm und Gewitter, einen festen Halt haben und nicht zur Gefahr für die Allgemeinheit werden.

Auf Balkonen und Terrassen stehende Gefäße können lediglich bei Wind seitlich umkippen. Bei höhergestellten oder hängenden Gefäßen sind Halterungen, die einen sicheren Stand garantieren, erforderlich.

Ampeln sind über eingedübelte Deckenhaken oder bei Holzkonstruktionen (zum Beispiel Pergolen) durch Schraubhaken für die wandfreie Aufhängung zu sichern. Für die wandnahe Aufhängung werden im Fachhandel spezielle Konsolen angeboten, bei der direkten Wandanbringung sind eingedübelte Haken erforderlich.

Zur Sicherung von Pflanzkästen sind unterschiedliche Halterungen für Fenstersimse, Wandanbringung oder Balkongeländer erhältlich. Oft sind sie mit Flügelschrauben versehen, die Einzelteile sind entsprechend verstellbar. Dies ermöglicht eine variable Einstellung je

nach Gefäßbreite oder Standort. In Sonderfällen sollten metallverarbeitende Betriebe (Schlosser oder Klempner) um Sonderanfertigungen gebeten werden.

Pflanzenliebhaber, die nur über begrenzte Stellmöglichkeiten verfügen, können mit Etagenbänken oder Pflanzkastenetagen auf engstem Raum noch mehr Pflanzen übersichtlich aufbauen. Durch Nutzung verschiedener Ebenen erhalten alle Pflanzen recht gute Wachstumsbedingungen, auch die laufende Pflege ist unproblematisch.

Zweizeilige Pergolen können mit Ampeln und Blumenkästen genutzt werden,

Hängende Fuchsien sind vorzüglich als Ampelpflanzen geeignet

Linke Seite: Brunnen und Ampel ergänzen sich in ihrer Wirkung.

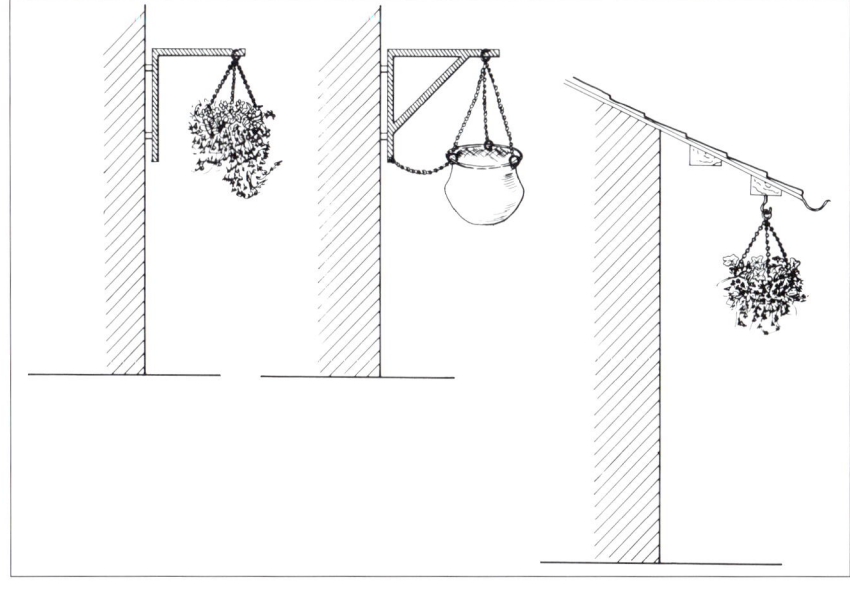

Beispiele für die Aufhängung von Ampeln. Im mittleren Beispiel verhindert eine Sturmsicherung zu starke Pendelbewegungen.

63

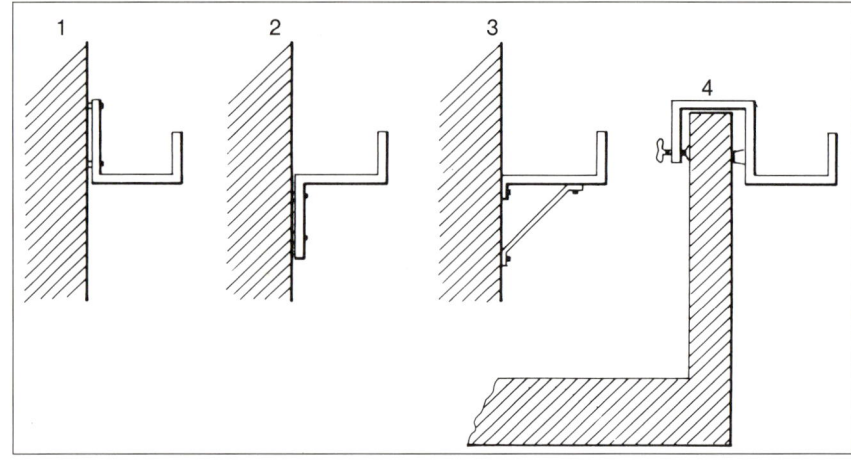

Unterschiedliche Profile von Balkonkastenhalterungen für Fenstersimse (1–3), Wandanbringung (1–3) und Balkongeländer (1–4).

wenn zwischen zwei Standpfosten Querbretter eingesetzt werden, auf denen die Balkonkästen stehen. An den oberen Querträgern können gleichzeitig Schraubhaken die Ampeln aufnehmen.

Pergolen ermöglichen somit ungeahnte Gestaltungsmöglichkeiten. Alle Gefäße sind variabel in verschiedenen Ebenen plazierbar. So können Ampeln mit Drähten in unterschiedlichen Höhen angebracht werden.

Knollenbegonien im Kasten auf dem Fenstersims und direkt an der Wand, die Wirkung übertrifft den Aufwand.

Erden und Substrate für Pflanzgefäße

In Balkonkästen und Ampeln steht den Pflanzen nur ein begrenzter Wurzelraum zur Verfügung. Dieser beträgt nur etwa 10 Prozent des Wurzelraums von Pflanzungen. Entsprechend müssen an den Wurzelraum, die Pflanzerden und Substrate sehr hohe Anforderungen gestellt werden. Pflanzerden und Substrate sollen ausgleichend wirken und den Pflanzen ähnliche Lebensbedingungen wie in Böden ermöglichen.

Kulturerden sind selbst hergestellte Pflanzerden, deren Grundstoffe im Garten gewonnen werden können wie zum Beispiel Kompost und Gartenerde. Substrate hingegen bestehen aus gartenfremden Stoffen wie Torf, Rindenhumus, Ton oder Sand.

Eigenschaften

Böden und Substrate bestehen aus fester Substanz und Poren (Hohlräume). Die Poren sind mit Wasser oder Luft gefüllt. Sie dienen der Wasserspeicherung, größere Poren aber auch der Ableitung von Überschußwasser. Humose Materialien wie Grobkompost, Torf oder Rindenhumus besitzen grobe, lockere Strukturen, die über längere Zeit erhalten bleiben

64

und deren Poren für ausgeglichene Wasser-/Luftverhältnisse sorgen. Diese Eigenschaften werden von Gärtnern besonders geschätzt.

Das Gewicht eines Bodens oder Substrates wird auf das Volumen bezogen und in Gramm pro Liter (g/l) oder Kilogramm pro Kubikmeter (kg/m^3) angegeben. »Leichte«, humose Böden (Rindenhumus: 300 bis 500 g/l) haben ein niedriges, »schwere«, mineralische Böden (Gartenboden: 1000 bis 1300 g/l) dagegen ein hohes Volumengewicht. Das Gewicht der verschiedenen Substratbestandteile entscheidet auch über ihre Verwendungsmöglichkeiten. Würde ein Balkonkasten ($20 \times 20 \times 100$ cm = 40 l Inhalt) mit Gartenerde befüllt, würde diese alleine 40 bis 50 kg wiegen, bei Torf hingegen lediglich 3 bis 4,5 kg. Hinzu gerechnet werden muß dann noch die Wassermenge, die maximal gespeichert werden kann (Gartenboden ca. 250 g Wasser, Weißtorf ca. 900 g Wasser pro l) sowie das Eigengewicht der Gefäße und Pflanzen.

Ein Gradmesser für den Säurezustand des Bodens oder Substrates ist der pH-Wert. Gemessen wird er in einem Bereich von eins bis 14, wobei pH 7 als Neutralpunkt (neutrale Reaktion) bezeichnet wird. Je niedriger der pH-Wert, um so saurer, je höher der pH-Wert, um so basischer (alkalischer) ist der Boden oder das Substrat.

Die meisten Labors sind in der Lage, auch kurzfristig den pH-Wert zu bestimmen. Messungen können aber auch über Teststreifen (Indikatorpapier) selbst vorgenommen werden, die man in Apotheken oder Zoofachgeschäften kaufen kann.

Moorbeetpflanzen (Azaleen, Rhododendron) wachsen bei pH 4,0 bis 4,5, die meisten Sommerblumen hingegen bei pH 5,5 bis 6,5 besonders gut. Der gewünschte pH-Wert wird in sauren Substraten über Kalkzugaben eingestellt, die Säure wird über den Kalk neutralisiert. Geeignet sind hierzu besonders fein vermahlene »Gärtnerkalke«.

Ausgangsstoffe für Eigenmischungen

Für Beet- und Balkonpflanzen geeignete Kulturerden und Substrate können selbst aus verschiedenen Grundmaterialien hergestellt werden. Entscheidend für den späteren Erfolg ist die Auswahl und Mischung der richtigen Bestandteile. Daher sollen wichtige Komponenten kurz angesprochen werden.

Humoser Gartenboden: Das Eigengewicht ist mit 1,0 bis 1,3 kg/l sehr hoch, Wasser und Nährstoffe werden recht gut festgehalten. Grundsätzlich besteht die Gefahr, daß Keime von Krankheitserregern oder auch Unkrautsamen enthalten sind. Gartenboden sollte bevorzugt mit leichteren Komponenten wie Torf oder Rindenhumus (Verhältnis 1:1) vermischt werden.

Torf: Weißtorfe mit möglichst grober Struktur sind grundsätzlich zu bevorzugen, weniger dagegen Schwarztorf. Angeboten wird Torf in Ballen oder Säcken. Dabei ist die Bezeichnung »Düngetorf« irreführend, denn in diesem Torf ist weder Dünger noch Kalk enthalten. Torf eignet

Begrenzter Wurzelraum und üppiger Wuchs, das Geheimnis sind Erden, Düngung und Pflege. Bepflanzung mit gelber Strauchmargerite (*Argyranthemum frutescens*, Seite 33) und weißer Zwergwucherblume (*Hymenostemma paludosum*, Seite 34).

65

sich besonders als Mischpartner mit Gartenerde, Kompost, Rindenhumus, Sand oder Ton. Er enthält kaum Nährstoffe und ist sehr sauer (pH-Wert um 3). Er muß daher immer aufgedüngt bzw. aufgekalkt werden.

Kompost: Selbst aufbereitete Komposte variieren sehr stark hinsichtlich verschiedener Eigenschaften und zwar in Abhängigkeit der organischen Ausgangsmaterialien. In Komposten können Krankheitskeime oder Unkrautsamen enthalten sein. Pflanzennährstoffe, zum Teil in beträchtlicher Höhe (zum Beispiel Kalium), sind immer vorhanden. Dies erschwert eine exakte Düngerbemessung. Zu bevorzugen sind gut abgelagerte, erdige Komposte mit einer krümeligen Struktur. Wegen der hohen Nährstoffgehalte sollte Kompost nicht alleine verwendet werden. Zumischungen von Torf oder Rindenhumus in Höhe von über 50 Prozent (je nach Nährstoffgehalt des Kompostes) sind hier anzuraten.

Rindenhumus: Die in der Holz- oder Papierindustrie anfallenden Baumrinden werden heute zunehmend aufbereitet und kompostiert (fermentiert). Als gesackte Ware werden sie im Handel angeboten. Rindenhumus zeichnet sich durch eine gute Struktur aus und führt in Verbindung mit verdichteten Mischungspartnern zur Verbesserung des Lufthaushaltes. Allerdings ist die Wasserhaltekraft im Vergleich zu Torf deutlich geringer. Pflanzennährstoffe wie Phosphor, Kalium, Calcium und Magnesium sind neben vielen Mikronährstoffen enthalten. Es sollte nur Rindenhumus verwendet werden, der das Gütezeichen »Rinde für den Pflanzenbau« aufweist. Solcher Rindenhumus besitzt standardisierte Eigenschaften und entstammt kontrollierter Produktion. Auch Rindenhumus eignet sich als Mischpartner zu Weißtorf, Gartenerde oder Kompost (jeweils Mischungen im Verhältnis 1:1). Die alleinige Verwendung kann nicht empfohlen werden.

Sand: Gewaschener Sand ist grundsätzlich zu bevorzugen. Wasser und Nährstoffe werden nur schlecht festgehalten, das Eigengewicht ist sehr hoch. Er dient zur »Beschwerung« leichter Substrate (zum Beispiel Torf) oder wird mit einem Anteil von rund 20 Prozent Aussaat- oder Pikiersubstraten beigemischt, um den Wasserabzug zu verbessern. Selbst arm an Pflanzennährstoffen dient er auch oft zur »Verdünnung« nährstoffreicher Materialien.

Ton: Tongranulate oder vermahlener Ton verbessern das Nährstoffhaltevermögen und den Wasserhaushalt eines Substrates. Zuschläge von 10 bis 30 Prozent zu Torf oder anderen leichten Substratkomponenten sind sinnvoll.

Mischen der Komponenten

Sollen aus den beschriebenen Materialien Pflanzerden und Substrate hergestellt werden, so ist auf eine gleichmäßige Vermischung der Einzelkomponenten zu achten. Dies geschieht am besten durch schichtweisen Aufbau eines Substrathaufens und mehrmaliges Umschaufeln. Grundsätzlich sollten hierbei auch Kalk, Spurenelement- und Volldünger (siehe Düngung, Seite 78) zugemischt werden.

Weiterhin ist darauf zu achten, daß das Substrat vor der Bepflanzung genügend angefeuchtet wird. Dieses verhindert spätere Setzungen im Substrat.

Grundsätzliche Regeln für Kulturerden

— je humoser der Boden, um so höher kann sein Anteil sein

— je ton- oder lehmhaltiger der Boden, um so geringer sollte der Anteil sein

— je saurer der Boden (Bodenlösung mit Indikatorpapier messen), um so mehr Kalk muß zugegeben werden.

66

Sollten eigene Mischungen auf der Basis von humosem Gartenboden angestrebt werden, so sind diesem entweder Kompost, Rindenhumus oder Torf (jeweils Anteile von 40 bis 50 Prozent) beizumischen. Ist der Gartenboden jedoch stark ton- oder lehmhaltig, sind die Anteile an Kompost, Rindenhumus oder Torf auf 60 bis 70 Prozent zu erhöhen.

Fertigerden

Fertigerden sind unproblematisch in der Verwendung, sie weisen gleichbleibende Eigenschaften und Qualitäten auf. Bei allen Erden liegt der pH-Wert im optimalen Bereich (pH 5,5 bis 6,5). Hergestellt werden sie aus den Grundmaterialien Torf, Rindenhumus oder Ton, zum Teil auch aus anderen aufbereiteten organischen Substanzen wie Kompost. An dieser Stelle sei aber vor sogenannten Billigsubstraten gewarnt, deren Verwendung oft nicht ganz unproblematisch ist. Qualitativ hochwertige Produkte haben ihren Preis und sollten, um keinen Fehlgriff zu tun, möglichst im Fachgeschäft bezogen

werden. Natürlich besteht die Möglichkeit, solche Fertigerden mit Gartenerde oder Kompost zu »strecken«, was deren Eigenschaften dann aber verändert.

Die vielen Handelsnamen lassen sich einigen wenigen Substratgruppen zuordnen. Torfkultursubstrate bestehen aus reinem Torf (zum Beispiel TKS und Cultural). Rindenkultursubstrate bestehen mindestens aus 50 Prozent Rindenhumus und weiteren substratfähigen Rohstoffen. Einheitserden sind Spezialsubstrate aus Weißtorf und 20 bis 30 Prozent Ton. Alle drei Substratgruppen werden auch im Profigartenbau verwendet, was für ihre Güte spricht. Besonders sicher sind die Einheitserden, bei denen der Tonanteil für ausgleichende Bedingungen bei eventuellen Fehlern, wie zu hohen Düngergaben, sorgt. Erkundigen sollte man sich beim Kauf nach dem in der Erde vorhandenen Dünger (Volldünger oder Dauerdünger) und wann sich die Nährstoffvorräte erschöpft haben und somit eine Nachdüngung erforderlich wird. In der Regel sollten Nachdüngungen etwa vier Wochen nach der Pflanzung erfolgen.

Pflege von Balkon- und Ampelpflanzen

Pflegeleichtigkeit beginnt bei der Planung

Schon bei der Planung oder vor der Pflanzung von Sommerblumen kann der spätere Pflegeaufwand gering gehalten werden.

Wichtig ist zunächst die Wahl ausreichend großer Pflanzgefäße mit möglichst großem Substratvolumen. Das Substrat soll stets in der Lage sein, den Wasserbedarf für mindestens 24 Stunden auch in extremen Wetterperioden sicherzustellen. Bei zu kleinen Gefäßen besteht immer die Gefahr, daß mehrmals am Tag gegossen werden muß. Zudem reichen hier die Nährstoffvorräte nur für einen kurzen Zeitraum. Ungleichmäßige Wasser- und Nährstoffversorgung führen zu gehemmtem Wachstum, reduzierter Blüte und erhöhter Krankheitsanfälligkeit.

Auch die Standortbedingungen beeinflussen den Pflegeaufwand stark. So sind bei der Pflanzenauswahl die spezifischen Ansprüche der Arten zu berücksichtigen. Vollsonnige Standorte sind für die meisten Sommerblumen geeignet. Während einige Arten, wie Gazanien oder Kapringelblumen, für einen sonnigen, trockenen Standort die besten Voraussetzungen mitbringen und sich nur dort optimal entwickeln können, verlangen Fuchsien und Knollenbegonien eine regelmäßige Wasserversorgung, um sich an einem sonnigen Platz wohlzufühlen. Werden sie trocken, dann reagieren sie sehr schnell. Sie stellen das Wachstum ein und der Schritt, daß sie ihre Blätter hängen lassen, ist nicht weit. Wenn diese Arten in voller Sonne stehen, erhöht sich der Pflegeaufwand durch häufiges Besprühen oder Gießen. Ebenso verbrau-

chen dem Wind ausgesetzte Pflanzen deutlich mehr Wasser als Pflanzen in geschützter Lage.

Wohl mit die wichtigste Pflegemaßnahme ist also eine gleichmäßige Wasserversorgung, die auf Standort und Pflanzenart abgestimmt ist. Sie sollte immer so erfolgen, daß alle Pflanzenteile noch vor der Dunkelheit abtrocknen. Die Höhe der Wassergabe richtet sich nach dem Bedarf. Staunässe durch übermäßige Wassergaben ist unbedingt zu vermeiden.

Richtige Pflege von Anfang an

In den ersten Tagen nach der Pflanzung, gerade weil dann noch keine ausreichende Wurzelbildung stattgefunden hat, sollte insbesondere in den frühen Nachmittagsstunden leicht überbraust werden, um die Luftfeuchtigkeit zu erhöhen. Diese Maßnahme erleichtert das Einwachsen und vermeidet gleichzeitig den häufig auftretenden »Verpflanzschock«.

Dies kann auch erreicht werden, wenn die Gefäße nach der Bepflanzung zunächst für zwei bis drei Tage an einem schattigen und windgeschützten Standort aufgestellt werden.

Zu berücksichtigen ist, daß noch bis Anfang Juni tiefe Nachttemperaturen, die sogenannte Schafskälte, auftreten können. In kalten Nächten ist dann eine Abdeckung mit Papier, Folie oder Vlies angebracht, um die Pflanzen vor Frostschäden zu bewahren.

Rund zwei bis drei Wochen nach der Pflanzung setzt das Hauptwachstum ein. Das Substrat wird nun zunehmend

68

Harmonische und lebendige Pflanzungen entstehen aus der Kenntnis der Wuchstypen und Pflegeansprüche.

durchwurzelt und die hier vorhandenen Nährstoffe aufgenommen. Bald ist der Nährstoffvorrat erschöpft und er muß, falls kein Dauerdünger in das Substrat eingemischt wurde, ständig aufgefüllt werden. Wird die Nachdüngung versäumt, treten Blattaufhellungen (hellgrüne Farbe) oder Blattvergilbungen auf, die einen akuten Nährstoffmangel anzeigen. Der Zuwachs ist dann reduziert und die Blütenfülle nimmt ab. Neben der gleichmäßigen Bewässerung ist auch die regelmäßige Nachdüngung (siehe Düngung, Seite 78) eine der wichtigsten Pflegemaßnahmen. Zu beachten ist, daß gekörnte Dünger nicht unmittelbar an die Pflanzen gestreut werden oder Düngerlösungen auf die oberirdischen Pflanzenteile gelangen. Beides führt zu erheblichen Verbrennungen des Pflanzengewebes. Daher soll-

te nach der Düngung mit Wasser nachgebraust werden, um auf Pflanzenteilen haftende Restmengen abzuwaschen. Gedüngt wird grundsätzlich nur auf ausreichend feuchtes Substrat. Je nach Düngerart wird bis in den September gedüngt.

Kontrolle ist besser

Selbstverständlich sollten alle Pflanzenbestände regelmäßig kontrolliert werden. Dabei ist besonders auf erkrankte Pflanzenteile oder auf tierische Schaderreger (siehe Krankheiten und Pflanzenschutz, Seite 82) zu achten. In den meisten Fällen genügt es, befallene Pflanzenteile zu entfernen. Dies gilt auch besonders für verblühte Blüten, die häufig einen Nährboden für Pilzerkrankungen darstellen.

69

Sauber, sauber

Für manche lästig, für andere aber eine Freude ist das sogenannte »Ausputzen«. Bei dieser Arbeit entsteht ein besonders intensiver Kontakt zu den Pflanzen und eine Möglichkeit zur eingehenden Kontrolle. Verblühte Blumenstände bei Pelargonien, Petunien oder Knollenbegonien werden entfernt. Diese sind oft Ausgangspunkt für Erkrankungen durch den Grauschimmelpilz Botrytis. Wichtig ist auch das Entfernen von Fruchtständen beispielsweise bei Fuchsien. Wenn hier zunehmend Fruchtkapseln zur Reife gelangen, würde dies mit der Zeit zum völligen Stillstand der weiteren Blütenbildung führen. Weiterhin werden beim »Ausputzen« geschädigte Blätter abgesammelt.

Regelmäßig ausgeputzte Pflanzenbestände hinterlassen einen gepflegten Eindruck, sie sind blühwilliger und gesünder, da Krankheitsherde frühzeitig entfernt werden. Bei den Putzarbeiten können gleichzeitig auch Triebe, die aus der gewünschten Form herauswachsen, zurückgeschnitten werden. Bei Pflanzenar-

ten, die während der Sommermonate leicht Blühpausen einlegen wie Lobelien oder Verbenen, empfiehlt sich ein leichter Rückschnitt nach der Hauptblüte. Der Rückschnitt regt Wachstum und Austrieb von neuem an. Ein weiterer Blühhöhepunkt ist dann wahrscheinlich.

Pflege von Dauerpflanzungen

Dauerpflanzungen mit **Kleingehölzen** wie **Koniferen** oder Heide durchwurzeln das Substrat im zweiten Standjahr fast vollständig. Bei humosen Substraten kommt es zunehmend zum Humusabbau durch Mikroorganismen, was zu Substratsackungen führt. Dann sollte jährlich neues Substrat die Verluste ausgleichen. Sackungen führen aber auch zu Verdichtungen und mangelndem Wasserabzug, die Abflußlöcher werden dann leicht verstopft. Regelmäßige Kontrolle und gegebenenfalls Freilegung der Abzuglöcher verhindert Pflanzenausfälle, die auf Staunässe zurückzuführen sind.

Besonders im Herbst oder Winter treten noch häufig Trockenschäden auf. Größere und dichtere Pflanzen leiten einen Großteil der Niederschläge durch ihr »Pflanzendach« ab, nur ein geringer Teil gelangt unmittelbar in das Pflanzgefäß. Immergrüne Gehölze verdunsten ständig Wasser, auch im Winter. Bei winterlichen Hochdrucklagen, verbunden mit Wind aus östlichen Richtungen und bei geringer Luftfeuchtigkeit werden erhebliche Wassermengen benötigt, der Bedarf wird dabei häufig unterschätzt. Bei gefrorenem Boden ist eine Wasseraufnahme durch die Wurzeln nicht mehr möglich. Um ein Aufplatzen der Stämme zu vermeiden, sollte möglichst nur bei mildem Wetter gegossen werden. Gehölze, die im Frühjahr stark verbräunt sind und nicht mehr austreiben, sind meistens durch Trockenheit, weniger durch Fröste abgestorben. Zur Verbesserung der Winterhärte sollte bei Gehölzen ab September nicht mehr gedüngt werden.

Eine ungewöhnliche Dauerbepflanzung mit einer Ergänzung durch Sommerflor. Hängende Verbenen in Kombination mit der winterharten Rispenhortensie *(Hydrangea paniculata)*.

70

Dies fördert einen frühzeitigen Triebabschluß und damit Aushärten des Pflanzengewebes.

Bei frei stehenden Pflanzgefäßen ist der Wurzelraum dem ständigen Wechselspiel der Witterung ausgesetzt. Im Winter ist das Substrat abwechselnd gefroren oder aufgetaut und führt hierdurch zu erheblichen Belastungen der Pflanzen.

Um zu verhindern, daß von den Seiten her Frost in die Gefäße eindringt, sind Schutzmaßnahmen (u.a. Standortwechsel, Laubabdeckung) empfehlenswert. Gleichermaßen können auch die oberirdischen Pflanzenteile durch Abdeckung mit Fichtenreisig vor größeren Temperaturschwankungen geschützt werden.

Im Frühjahr ist ein Rückschnitt zu stark entwickelter Gehölze angebracht. Längere Triebe werden eingekürzt, bei Kiefern bevorzugt der junge Austrieb. Bis auf kleine Stücke werden im Mai/Juni die »Kerzen« abgeschnitten. An den Schnittstellen bilden sich dann neue Triebaugen. Regelmäßiges Einkürzen führt zur Ausbildung vieler Seitentriebe, die Pflanzen entwickeln sich sehr dicht und buschig. Bei Winter- oder Sommerheide erfolgt der Rückschnitt — eventuell mit einer Heckenschere — im März/April, wobei nicht ins »alte Holz« zurückgeschnitten wird. Dies würde zum Verkahlen der Pflanzen führen. Es genügt, wenn der Schnitt gerade die alten Blüten erfaßt.

Pflege von Frühjahrsbepflanzungen

Obwohl alle Frühjahrsblüher recht winterhart sind, sollte das Durchfrieren der Gefäße vermieden werden. Dies kann an einem geschützten Standort mit Abdeckungen von Laub, Stroh oder Torf geschehen. Sobald die Pflanzen herausschauen, wird die Eindeckung abgeräumt.

Zwiebel- und Knollengewächse können aber auch in Pflanztöpfen vorkulti-

viert werden. Anfang Februar werden diese aus dem Winterquartier im Garten entnommen und in die Gefäße umgesetzt. Zudem sind vorgezogene Frühjahrsblüher durchaus preisgünstig in vielen Fachgärtnereien erhältlich.

Sollen die Zwiebeln in Dauerpflanzungen über mehrere Jahre verbleiben, sind von März/April bis zum Vergilben des Laubes wiederholt Düngungen zu empfehlen. Samenstände von Narzissen oder Tulpen sollten möglichst frühzeitig entfernt werden, um die Entwicklung der Zwiebeln zu fördern. Nachdem das Laub abgestorben ist, besteht auch die Möglichkeit, die Zwiebeln aus den Gefäßen zu nehmen, gründlich zu putzen und während der Sommermonate trocken zu lagern. Wer das nach der Blüte oft unansehnliche Laub nicht besonders gerne mag, hat die Möglichkeit, die Zwiebeln mit einem Messer aus den Gefäßen herauszulösen und an einen geeigneten Standort umzupflanzen. Einfach zu handhaben ist dies natürlich bei in Töpfen vorkultivierten Pflanzen. Auch hier sollte über Düngungsmaßnahmen die Einlagerung von Reservestoffen für die nächstjährige Blüte angeregt werden. Wenn das Laub frühzeitig im grünen Zustand entfernt wird, verhindert dies die Verlagerung wichtiger Aufbaustoffe für die Blütenbildung und -entwicklung in der Zwiebel. Die Blüte wird dann im darauffolgenden Jahr weniger prächtig sein oder ganz ausfallen. Besonders einfach, aber auch kostenträchtiger, ist natürlich, wenn in jedem Herbst neu erworbene Knollen und Zwiebeln gepflanzt werden.

Wasserversorgung — Nichts geht ohne

Wasser dient dem Transport von Nährstoffen aus dem Boden direkt an die Pflanzenwurzel und von hier in die oberen Pflanzenteile. Nur in Wasser gelöste Stoffe sind transportierbar. Unbekannt ist oft, daß die pflanzliche Substanz zu 80 bis 95 Prozent aus Wasser besteht.

Weiterhin dient Wasser als Kühlmittel. Bei intensiver Sonneneinstrahlung verdunsten die Blätter Wasser (Transpiration), um sich vor zu hohen Temperaturen zu schützen. Verdunstung bedeutet also Abkühlung. Wasser dient auch der Aufrechterhaltung des Zelldruckes.

Die verschiedenen Funktionen des Wassers in der Pflanze machen deutlich, wie wichtig eine gleichmäßige Wasserversorgung für ungestörtes Wachstum ist. Extremer Wassermangel wirkt wie ein Schock auf die Pflanze. Alle Wachstumsprozesse werden eingestellt, Pflanzenteile hängen schlaff herunter und welken. Im Extremfall ist eine »Wiederbelebung« nach Wasserzugabe nicht mehr möglich. Auf der anderen Seite führt ein längerfristiges Überangebot an Wasser zu Luftmangel im Wurzelbereich und damit letztendlich Absterben der Wurzeln.

Wasserqualität — Nicht immer vom Feinsten

Wasser enthält stets Salze. Einen Teil der Salze können die Pflanzen ohne weiteres als Nährstoffe verwerten. Andere können, wenn sie im Übermaß vorhanden sind, zu Problemen führen. In vielen Leitungswässern der öffentlichen Versorgungsunternehmen sind rund 150 bis 250 mg Salze pro Liter vorhanden, was völlig unbedenklich ist. Ein für die Pflege wichtiges Kriterium ist die Wasserhärte, die insbesondere durch die Menge an Kalzium und Magnesium bestimmt wird. Beide Elemente führen bei regelmäßigem Gießen mit hartem Wasser zum Anstieg des pH-Wertes im Substrat. Dies kann zu Problemen in der Nährstoffversorgung (zum Beispiel Eisenmangelchlorosen) führen. Bei extrem hartem Gießwasser (Härtegrade über 21 °dH = Härtebereich 4) können folgende Ratschläge Abhilfe schaffen:
● Bei Substrateigenmischungen die Kalkzugabe um ca. 30 Prozent reduzieren

● Bevorzugt Substrate mit hohem Ton- oder Rindenhumusanteil verwenden
● Gießwasser mit gesammeltem Regenwasser verschneiden, oder nur Regenwasser verwenden

Da Balkon- und Ampelpflanzen im allgemeinen sehr robust und unempfindlich sind, können sie durchweg ausschließlich mit Leitungswasser gegossen werden. Nur bei Nutzung hauseigener Flachbrunnen sind häufiger hohe Salzgehalte nachweisbar. Sollten diese im Bereich von 500 bis 800 mg Salz pro l Wasser liegen, muß mit Regenwasser verschnitten werden, andernfalls versalzt das Substrat und es treten Wachstumsstockungen auf. Regenwasser hat von allen leicht zugänglichen Wasserherkünften die geringste Salzbelastung.

Wasserbedarf und Gießhäufigkeit

Eine gleichmäßige Wasserversorgung ist für ungestörtes Wachstum und reiche Blütenbildung ausschlaggebend. Der Wasserverbrauch von Einzelpflanzen ist dabei oft größer, als allgemein angenommen wird. Insbesondere Pflanzen, die während der Sommermonate stark wachsen und deren gesamte Blattoberfläche sich auf über einen Quadratmeter addiert (zum Beispiel: Blaue Fächerblume oder Blaues Gänseblümchen), können pro Tag einen Liter, unter extremen Bedingungen sogar 2 bis 3 Liter Wasser verbrauchen. Darum sind bei Pflanzungen in zu kleinen Gefäßen Probleme bereits vorprogrammiert: das geringe Substratvolumen ist nicht in der Lage, die für einen Tag benötigte Wassermenge zu speichern. Von Mitte Juni bis September muß allgemein mit besonders hohem Wasserverbrauch gerechnet werden, wobei der Bedarf infolge des sommerlichen Zuwachses im August und September rund fünfmal höher als im Juni ist. So beträgt der Wasserverbrauch in größeren Ampeln 1 bis 2 Liter täglich, im Extrem 3 bis 4 Liter. In einer Ampel mit 25 cm

Durchmesser und 5 Liter Substratinhalt kann das Substrat beispielsweise nur 1 bis 1,5 Liter Wasser festhalten. Das Beispiel zeigt, wie wichtig ein speicherfähiges Substrat und eine ausreichende Gefäßgröße ist. Für Balkonkästen liegen die entsprechenden Werte bei rund 4 Liter Wasser pro Meter Gefäßlänge, bei breiteren Gefäßen bis 8 Liter.

Der Standort der Gefäße ist auch entscheidend für den Wasserverbrauch. So beträgt er im Halbschatten lediglich 50 Prozent gegenüber sonnenbeschienenen Standorten. Bewölkung, Luftfeuchtigkeit und Windgeschwindigkeit sind weitere Faktoren, die den Wasserbedarf der Pflanzen beeinflussen.

An Regentagen darf man sich nicht täuschen lassen: der Hauptanteil der Niederschläge wird durch das Blätterdach der Pflanzen abgeleitet. Nur der kleinere Teil gelangt in den Wurzelraum. Daher kann schon mehrere Stunden nach dem letzten Regenschauer eine zusätzliche Gabe erforderlich sein. Bei Herbstpflanzungen mit Heide oder Stiefmütterchen wird der Wasserbedarf häufig unterschätzt. In Hochdrucklagen mit Wind aus östlichen Richtungen ist die Luftfeuchtigkeit oft so gering, daß der Wasserverbrauch noch erheblich sein kann. So ist es nicht überraschend, daß auch zu dieser Jahreszeit noch häufig Trockenschäden an den Herbstpflanzungen auftreten. Empfohlen werden muß also die ständige Kontrolle. Es muß regelmäßig, mitunter bis zu zweimal pro Tag und vor allem auch ausreichend bewässert werden. Dabei ist Staunässe unbedingt zu vermeiden. Es sterben mehr Pflanzen durch zuviel als durch zu wenig Wasser ab.

Grundsätzlich kann zu jeder Tages- und Nachtzeit gegossen werden. Zu bevorzugen ist sicherlich die morgendliche oder frühabendliche Wassergabe. Die Wassertemperatur ist unerheblich. Es gibt keine Balkon- oder Ampelpflanzen, die aufgewärmtes Wasser benötigen. Das Wasser sollte nach Möglichkeit auf die Substratoberfläche und nicht über die Pflanzen gegossen werden. Wichtig ist besonders bei abendlicher Bewässerung, daß die Pflanzen nicht überbraust werden und mit trockenem Laub in die Nacht gehen. Dies beugt verschiedenen Pilzerkrankungen vor.

Häufigere und mittlere Wassergaben sind gegenüber wenigen und übermäßigen Wassergaben zu bevorzugen. Die Höhe der Wassergaben beeinflußt das Wachstum und die Entwicklung der Pflanzen sowie deren Gesundheit. Hohes Wasserangebot führt zu starkem Wachstum und Bildung von lockerem Pflanzengewebe, das leicht pilzanfällig ist. Zu niedrige Wassergaben bedeuten dagegen frühzeitiges Verhärten und Verholzen des Gewebes, schwächeres Wachstum und geringere Blütenbildung. Im Extremfall treten Trockenschäden auf. Daher sollte bei der Bewässerung ein »goldener« Mittelweg eingeschlagen werden. Extreme zu der einen oder anderen Seite sind zu vermeiden.

Bewässerung — Von manuell bis vollautomatisch

Konventionell erfolgt die Wasserversorgung mit Gießkannen oder direkt mit einem Gartenschlauch, der vielleicht noch einen Vorsatz zur Wasserregulierung besitzt. Komfortabler sind natürlich regulierbare und abschaltbare Gießrohre mit Brause.

Ein Hobbygärtner, der über genügend Zeit verfügt, läßt sich diese Arbeit nicht nehmen, sie sorgt für Befriedigung, läßt Träumereien zu und ist die Zeit des intensivsten Kontaktes mit den Pfleglingen.

Bei vielen Menschen muß die Wasserversorgung jedoch rasch erledigt sein und darf nicht zur aufwendigen Arbeit werden. Auch kurze Wochenendurlaube oder der Jahresurlaub führen zu Überlegungen, wie in dieser Zeit die Wasserversorgung möglichst effektiv und sicher erfolgen sollte. Nicht jeder verfügt über

Bewässerungssysteme für Balkon- und Ampelpflanzen		
Bewässerungssystem	Wasserzuleitung und Ausbringung	Zubehör
Konventionell, von Hand	Schlauchanschluß, Schlauch	Gefäße bzw. Gießbrause
Halbautomatisch * Gefäße mit Wasser- speicher * Tropfsysteme	Schlauchanschluß, Schlauch — Dochte, Vliese — Tropfrohre, Einzeltropfer	eventuell Wasserreservoir mit Schwimmerventil z. T. Filter und Druckreduzierer erforderlich, Wassermengen-begrenzer oder Zeitschaltventile dienen der Sicherheit
Vollautomatisch	Schlauchanschluß, Schlauch — Tropfrohre, Einzeltropfer	programmierbarer Bewässerungs-automat bzw. Feuchtefühler (Tensioschalter) sowie Stromanschluß erforderlich. Z. T. Filter und Druck-reduzierer zusätzlich notwendig

Aufbau von Balkonkästen (links) und Ampeln (rechts) mit integriertem Wasserspeicher.
1 Wassereinfüllrohr, 2 Wasserspeicher, 3 Saugdochte, 4 Bodenplatte zur Trennung von Wasser und Substrat, 5 Sichtfenster zur Wasserstandskontrolle, 6 Überlauf, 7 Substrat

hilfsbereite Nachbarn oder Familienangehörige, die diese Arbeit gern übernehmen wollen.

Für diese Fälle werden im Fachgeschäft sehr verschiedene Problemlösungen angeboten. So gibt es Gefäße mit integriertem Wasserspeicher oder teilautomatische und automatische Bewässerungsverfahren.

Wasserversorgung über Dochte und Vliese

Sowohl bei Balkonkästen als auch Ampeln sind Spezialgefäße mit sogenannten integrierten Wasserspeichern erhältlich.

Dabei ist der Wasserspeicher vom Substrat getrennt. Die Wasserleitung aus dem Reservoir wird über Dochte oder Spezialvliese durch kapillaren Wasseraufstieg sichergestellt. Ein Vorteil dieser Systeme besteht darin, daß dem Substrat langsam und der Saugkraft entsprechend Wasser zugeführt wird. Ein gewisser Nachteil besteht allerdings darin, daß die Substratzone oft unmittelbar über den Dochten und Vliesen übernäßt ist und somit nur schwer durchwurzelt wird. Dies ist besonders bei sehr feiner Substratstruktur und in Substraten mit hohem Ton- oder Lehmgehalt der Fall. In Abhängigkeit von der Gefäßgröße und auch des Herstellers beträgt das Volu-

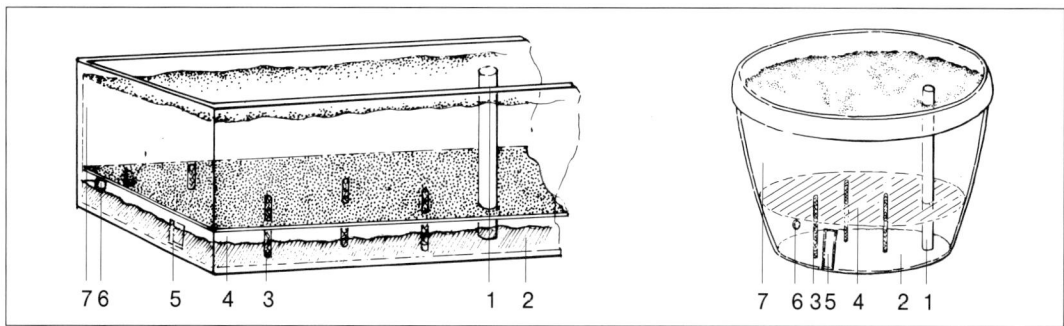

7 6   5   4 3   1 2   7 6 3 5 4   2 1

74

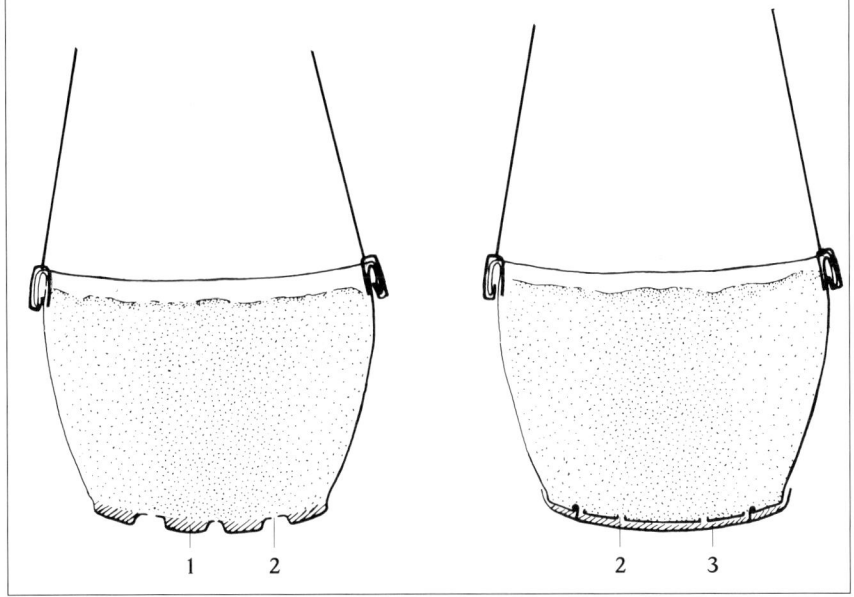

Die Wasserspeicherung von Ampeln kann durch spezielle Bodenprofile verbessert werden.
1 Bodenaussparungen zur Wasseraufnahme, 2 Abflußlöcher, 3 angehängter »Untersetzer« für Überschußwasser.

men für die Wasserspeicherung in Balkonkästen 9 bis 16 Liter. Einige bekannte Produktnamen sind Oase, Eldorado, Riviera und Haugolith.

Bei Ampelgefäßen wird ein zusätzlicher Wasserspeicher im Topf durch Ausformung des Bodens oder durch spezielle Untersetzer, die unterhalb der Ampel in die Bodenlöcher gedrückt werden, geschaffen. Diese Bodenuntersetzer sind bei einigen Typen werkseitig montiert.

Über Verbindungsschläuche können einige Balkonkastentypen miteinander verbunden werden. Voraussetzung ist, daß alle Gefäße in derselben Höhe stehen können und mit der Wasserwaage

ausgerichtet werden. Dies kann eine erhebliche Arbeitserleichterung bedeuten. Es muß nur noch ein Kasten befüllt werden, über die Verbindungsschläuche wird das Wasser dann in die restlichen Gefäße weitergeleitet.

Bei diesem System ist es nur noch ein kleiner Schritt bis zur vollautomatischen Steuerung. Ähnlich wie bei der Toilettenspülung wird ein zusätzlicher Wasserspeicher benötigt, dessen Wasserzulauf durch ein Schwimmerventil gesteuert wird. Über einen Schlauch wird das im Speicher vorhandene Wasser dann an die Balkonkastenreservoire weitergeleitet.

Kästen mit Wasserspeicher, die auf gleicher Höhe stehen, lassen sich mit Verbindungsleitungen halbautomatisch bewässern. Der Wasserkasten wird dazu bei Bedarf aufgefüllt.

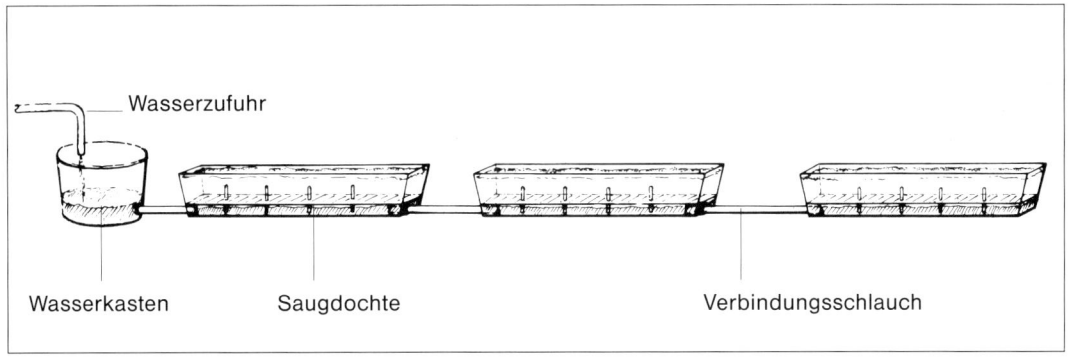

Wasserzufuhr

Wasserkasten   Saugdochte   Verbindungsschlauch

75

Japanische Myrte *(Cuphea hyssopifolia)* mit Tropfzuleitungen in die Ampel.

Wasserversorgung über Tropfer

Während bei den vorher beschriebenen Systemen das Wasser von unten in das Substrat geleitet wird, ist dies bei Tropfsystemen (Tropfrohre und Einzeltropfer) umgekehrt. Die Wasserzufuhr erfolgt von oben auf das Substrat und zwar sehr schonend, nämlich tropfenweise. Da die Wasserverteilung im Substrat konzentrisch verläuft, wird das gesamte Substratvolumen oft nicht gleichmäßig durchfeuchtet. Vorteilhaft ist, daß die oberirdischen Pflanzenteile trocken blei-

Bei der Wasserverteilung durch Tropfsysteme bildet sich eine typische Wasserzwiebel als Durchfeuchtungszone aus.

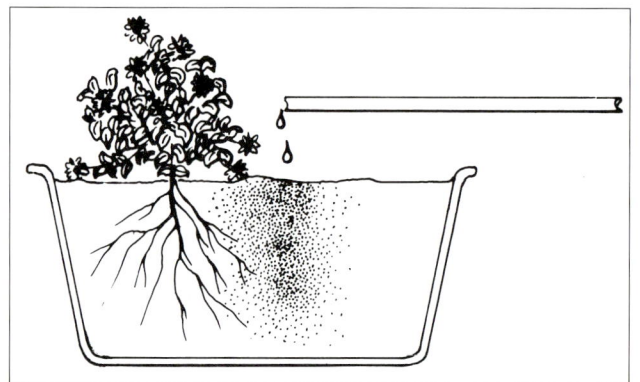

ben, was eventuellen Pilzerkrankungen vorbeugt.

Einrohrsysteme wie Agro Drip oder Aqua Drop haben werkseitig vorgefertigte Abstände von 20 cm, 30 cm oder noch größer zwischen den Tropfstellen. Der Abstand ist also nicht mehr variierbar. Dies erschwert den Einsatz solcher Systeme bei der Versorgung von Balkonkästen. Größere Bedeutung haben sie hingegen bei Beetkulturen.

Einzeltropfsysteme werden dagegen bevorzugt bei Gefäßen eingesetzt. Die Hauptwasserverteilung (Tropfleitung) erfolgt über Kunststoffrohre, in die dann einzelne Tropfschläuche im individuellen Abstand eingesetzt werden. Die Tropfleitung wird dafür bei der Installation gelocht. Da die Tropfschläuche, bei anderen Systemen die Tropfer, leicht verstopfen können, ist eine hohe Betriebssicherheit nur durch Einbau von einfachen Filtern in die Wasserzuleitung gegeben. Diese verhindern, daß Erdreste oder andere Partikel die Funktion der Anlage stören können.

Eine Selbstinstallation ist überwiegend recht einfach, die erforderlichen Materialien können in Baufachmärkten

76

erworben werden. Der Zentralschlauch wird an den benötigten Stellen mittels einer Spezialzange gelocht und die Tropfschläuche eingefügt. Mit einer Endkappe wird der Zentralschlauch am Ende verschlossen. Fehllochungen können mit Blindstopfen korrigiert werden. Der in Haushalten anstehende Wasserdruck (3 bis 4 bar) muß bei einigen Systemen auf 0,1 bis 1,0 bar (Steva, Volmatic) durch einen Druckreduzierer gemindert werden. Bei druckreduzierenden Tropfern ist das nicht nötig (Gardena, HB).

Um eine ausreichende Wasserverteilung in den Gefäßen zu gewährleisten, sollten bei größeren Ampeln zwei Tropfer, in Balkonkästen für jeden Meter der Gefäßlänge mindestens drei, besser bis zu fünf Tropfer installiert werden. Da ohne Probleme am Verteilerrohr weitere Tropferleitungen eingefügt werden können, besteht auch zu einem späteren Zeitpunkt noch die Möglichkeit der variablen Zuschaltung weiterer Tropfstellen.

Dies ist besonders wichtig, wenn während der Sommermonate die Pflanzenarten ihrem unterschiedlichen Wasserbedarf entsprechend versorgt werden müssen. Sollte dagegen umgekehrt die Tropfstellenzahl pro Gefäß zu hoch sein, kann ein Schlauch umgeknickt und mit einem passenden Draht zugebunden werden.

Die Wassergabe sollte immer so bemessen sein, daß jeweils der durch Pflanzenentzug entstandene Wasserverlust ausgeglichen wird.

Ist die Bewässerung über das Öffnen oder Schließen eines Wasserhahnes geregelt, so sollte aus Sicherheitsgründen zwischen Wasseranschluß und Verteilerrohr ein Wassermengenbegrenzer geschaltet werden.

Denn zu oft wird vergessen, den Hahn wieder zu schließen. Bei Wassermengenbegrenzern kann eine bestimmte Wassermenge (zum Beispiel 100 Liter) vorgewählt werden. Nach Durchfluß dieser Menge wird die weitere Zufuhr automatisch unterbunden. Hierdurch wird sehr sicher eine sonst mögliche »Überschwemmung« vermieden.

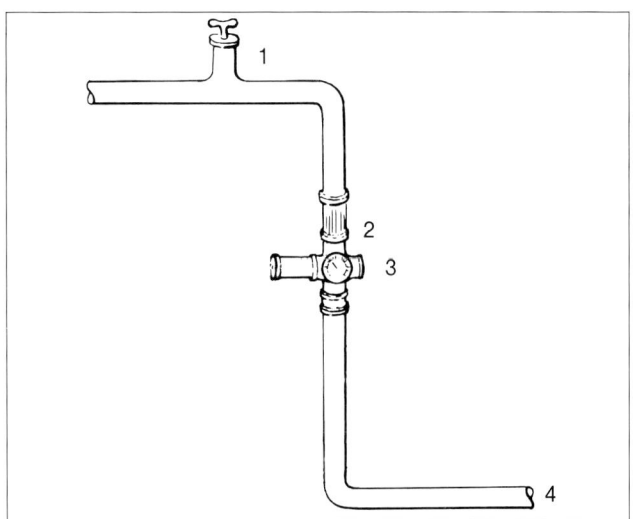

Vollautomatische Regelung

Die bis jetzt beschriebenen Systeme sind halbautomatisch, das heißt zumindest der Bewässerungsbeginn wird von Hand eingeleitet. Dagegen ist die Wasserversorgung auch über Zeitautomaten auf einfache und recht sichere Weise regelbar. Am Automaten können Bewässerungszeiten und Bewässerungsintervalle frei eingestellt werden, sie sind jeweils für mehrere Tage programmierbar. Nach einer vorgewählten Laufzeit (zum Beispiel 15 Minuten) schließt die Schaltuhr die Wasserzufuhr. Wichtig ist, daß die Zeitvorwahl unterhalb von 10 Minuten einstellbar ist. Anpassungen an den jeweiligen Bedarf sind dabei stets möglich. Nachteilig ist, daß dem gewählten Programm entsprechend auch an Regentagen bewässert wird. Fehler dieser Art werden bei der vollautomatischen Bewässerung über sogenannte Feuchtefühler (Tensioschalter) kompensiert.

Solche automatischen Bewässerungsanlagen erfordern neben einem Wasserauch einen Stromanschluß. Mit der Installation sollte immer ein Fachmann beauftragt werden. Da die Kosten nicht unerheblich sind, wird sich eine solche Investition nur lohnen, wenn eine große Zahl von Gefäßen versorgt werden muß.

Filter und einstellbarer Druckminderer sind für die Funktion von Tropfsystemen notwendig. 1 Wasserhahn, 2 Filter, 3 Druckminderer mit Verstellschraube und Manometer, 4 Tropfbewässerungssystem.

Die neuen Surfinia-Petunien (*Petunia*-Hybriden) zeichnen sich durch außergewöhnliche Wuchskraft und Blühfreude aus. Dementsprechend hoch ist ihr Bedarf an Wasser und Nährstoffen.

Für diese Systeme darf nur Wasser in guter Qualität verwendet werden. Es muß frei von Fest- und Schwebstoffen sein, um die Tropfer nicht zuzusetzen. Auch ein zu hoher Kalkgehalt des Wassers kann die Funktion stören. Kann dies nicht gewährleistet werden, ist der Einbau eines Filters anzuraten.

Neben den stromabhängigen existieren auch noch stromlose Steuerungssysteme, die nach hydraulischen Gesetzen funktionieren.

Um sich über weitere Vor- und Nachteile des einen oder anderen Systems bzw. über die erforderlichen Investitionskosten (Spannen von 100,— bis weit über 1000,— DM) zu informieren, sollte immer das Gespräch mit einem Fachmann gesucht werden. Gartencenter und Baufachmärkte bieten hier ihre ausführliche Beratung an. Großer Wert sollte dabei immer auf eine bedienungsfreundliche und störungsunanfällige Anlage gelegt werden.

Ernährung und Düngung

Pflanzen in Gefäßen haben einen beengten Wurzelraum mit entsprechend begrenzten Boden oder Substratmengen zur Verfügung, denen sie Nährstoffe entziehen können. Einige Substratbestandteile wie Torf, Kunst- oder Mineralstoffe enthalten kaum, andere wie Kompost, Gartenerde oder Rindenhumus hingegen durchaus größere Nährstoffmengen. Diese sind aber schon nach kurzer Wachstumszeit aufgebraucht. Balkon- und Ampelpflanzen zeichnen sich aufgrund des intensiven Wachstums und der reichen Blütenbildung durch einen relativ großen Nährstoffbedarf aus. Dieser ist gezielt nur über wiederholte Düngungen zu decken. Andernfalls treten Mangelerscheinungen auf, die vor allem als Blattverfärbungen sichtbar werden. Die Blüte läßt nach und die Pflanzen kümmern.

Pflanzennährstoffe

Neben Wasserstoff, Kohlenstoff und Sauerstoff werden Stickstoff, Phosphor, Kalium, Kalzium, Magnesium und Schwefel in größeren Mengen benötigt. Sie werden daher als Haupt- oder Makronährstoffe bezeichnet. Dagegen sind für das Pflanzenwachstum nur geringe Mengen an Bor, Eisen, Kupfer, Mangan, Molybdän und Zink erforderlich. Böden und Substrate enthalten solche Elemente oft nur in geringsten Mengen. Diese bezeichnet man als Spuren- oder Mikronährstoffe. Die Pflanze benötigt alle diese Nährstoffe in einem bestimmten Mengenverhältnis. Sowohl Unter- als auch Überversorgung mit einem Nährstoff führt bei ihr zu negativen Reaktionen. Jeder Pflanzennährstoff hat bestimmte Aufgaben und Funktionen im pflanzlichen Stoffwechsel zu erfüllen.

Sowohl oberirdische Pflanzenteile (Nutzung bei der Blattdüngung) als auch Wurzeln können in Wasser gelöste Nährstoffe aufnehmen. Der Hauptanteil wird aber immer über die Wurzel dem Substrat entzogen.

Salze

Durch Düngung, über Gießwasser oder durch mikrobiellen Umbau von organischer Substanz gelangen Salze in das Substrat. Überhöhte Düngergaben reichern diese Salze dermaßen an, daß sie insbesondere bei trockenen Substraten zu Wurzelverbrennungen führen können. Diese Salzschäden zeigt die Pflanze durch Blattverfärbungen oder Blattschäden (Chlorosen, Nekrosen) an und das Wachstum wird eingestellt. Im Extremfall muß auch mit Totalschäden gerechnet werden. Sollten zu hohe Salzkonzentrationen im Substrat vorliegen, kann nur die Auswaschung mit Wasser empfohlen werden. Wasser wird im Überschuß gegeben und damit werden lösliche Salze ausgewaschen. Notwendig ist dafür die doppelte Wassermenge des Gefäßinhaltes. Dieser Vorgang tritt auf natürlichem Wege nach stärkeren Niederschlägen auf, was normalerweise zu unerwünschten Verlusten an Pflanzennährstoffen führt.

Nährstoffe in Düngern

Bei den unterschiedlichen Düngerarten werden die Reinnährstoffgehalte in % ausgewiesen. Für den Stickstoffdünger Harnstoff lautet die Angabe 46% N. In 100 g Dünger ist also 46 g Stickstoff enthalten. Auch die anderen Nährstoffe — sofern ihr Gehalt höher als 1% liegt — sind auf den Verpackungen benannt. Die Reihenfolge der Hauptnährstoffe ist immer gleich und zwar: 1. Zahl = Stickstoff (N). 2. Zahl = Phosphat (P_2O_5), 3. Zahl = Kali (K_2O), 4. Zahl = Magnesium (MgO). Phosphor, Kalium und Magnesium sind dabei in der Oxidform ausgewiesen. Die Nährstoffgehalte werden immer durch Querstriche oder Doppelpunkte voneinander getrennt. So enthält ein Dünger der Zusammensetzung 15:11:16:2 auf 100 g die folgenden Nährstoffe: 15 g Stickstoff, 11 g Phosphat, 16 g Kali und 2 g Magnesium. Je höher die Gehaltszahlen des Düngers, um so mehr Nährstoffe enthält er.

Düngerarten

Sinnvoll ist nur der Einsatz von Volldüngern, die neben den Hauptnährstoffen (außer Kalzium) überwiegend auch Spurenelemente enthalten.

Ihre Anwendung und Dosierung ist durchaus einfach. Bei den organischen Düngern sind die Nährstoffe in organischer Substanz gebunden — sie müssen vor der Wurzelaufnahme zunächst durch Mikroorganismen verarbeitet (= mineralisiert) werden. Hierdurch entsteht ein langsamer Nährstofffluß, Überdüngungsschäden durch Salzanreicherungen werden vermieden.

Die Nährstoffgehalte dieser Dünger sind meistens gering, entsprechend müssen sie hoch dosiert werden. Mineralische Volldünger enthalten alle Haupt- und Spurennährstoffe in mineralischer Form (Salzdünger, Nährsalze). In Wasser lösen sie sich vollständig (vollwasserlöslich) oder zum größten Teil (schwerlöslich) auf. Die Nährstoffe stehen den Pflanzen ohne Umwandlung sofort zur Verfügung.

Organisch-mineralische Dünger sind Mischungen aus den vorher genannten Düngern, sie enthalten sowohl organisch gebundene als auch sofort verfügbare mineralische Nährstoffe.

Bei den sogenannten Flüssigdüngern wurden die Pflanzennährstoffe bereits in Wasser gelöst. Sie können einfach nach Volumen dosiert werden, was ihre Anwendung erleichtert.

Dauerdünger werden auch als Vorrats- oder Depotdünger bezeichnet und in ummantelter und nicht ummantelter Form angeboten. Die Ummantelten besitzen eine aus verharzten Pflanzenölen bestehende Hülle, die durchlässig ist. Tritt Wasser in das Innere, werden Nährstoffe aufgelöst und durch die Hülle an das Substrat abgegeben. Dieser Prozeß ist temperaturabhängig. Je nach Dicke der Hülle erfolgt die gesamte Nährstofffreisetzung über einen Zeitraum von drei bis vier, fünf bis sechs usw. Monaten. Weiterhin werden nicht umhüllte Dauerdünger angeboten, deren Nährstofffreisetzung bereits nach acht bis zehn Wochen abgeschlossen ist.

Spurenelementdünger enthalten lediglich Spurenelemente (Mikronährstoffe). Sie werden als Pulver oder flüssig formuliert angeboten. Auf das Substratvolumen bezogen ist ihre Aufwandmenge sehr niedrig. Kalk ist nicht in Volldüngern enthalten. Daher muß Kalk, wenn notwendig (siehe Seite 65ff.), immer getrennt und zusätzlich zum Volldünger dem Substrat zugeführt werden. Neben der Versorgung der Pflanzen mit dem wichtigen Kalzium dient die Substratkalkung der Neutralisierung von Bodensäuren. Über Kalk wird der erforderliche pH-Wert im Substrat eingestellt. Bevorzugt wird kohlensaurer Kalk (= Kalkmergel). Dieser muß im Gegensatz zu den in der Landwirtschaft verwendeten groben Kalken besonders fein vermahlen sein.

Düngung

Hier unterscheiden wir zunächst zwischen Grund- und Nachdüngung. Bei der Grunddüngung wird ein bestimmter Nährstoffvorrat vor der Pflanzung in das Substrat eingemischt. Ist der Grundvorrat erschöpft, setzt die einmalige, mehrmals wiederholte oder wöchentliche Nachdüngung ein.

Grunddüngung: Bei Eigenmischungen von Substraten aus Gartenerde, Kompost oder anderen organischen Komponenten, die direkt als Pflanzerden für Gefäße verwendet werden sollen, hat sich die Zugabe von 4 g kohlensaurer Kalk und 1,5 g Volldünger (Mineraldünger oder organisch-mineralischer Volldünger) bewährt.

Anstelle des Volldüngers ist alternativ auch ein Dauerdünger (3,0 g/l Substrat) mit einer Freisetzungszeit von vier bis fünf Monaten verwendbar. Hierdurch kann auf spätere Nachdüngungen verzichtet oder diese deutlich reduziert werden. Bei Bezug von aufgedüngten Fertigsubstraten aus dem Fachhandel entfällt die Einmischung zusätzlicher Dünger.

Nachdüngung: Mit Ausnahme von Substraten, die Dauerdünger enthalten, reicht bei allen anderen, sowohl Eigenmischungen als auch Industriesubstraten, die Grunddüngung nur für einen begrenzten Zeitraum von drei bis vier Wochen aus. Zunehmende Temperaturen im Juni beschleunigen das Wachstum, der Nährstoffbedarf steigt entsprechend und schnell sind die Nährstoffvorräte aus der Grunddüngung aufgebraucht. Wenn jetzt nicht nachgedüngt wird, verlieren die Blätter ihre dunkelgrüne Farbe, sie werden hellgrün oder gelb. Wachstum und Blütenbildung lassen stark nach. Spätestens ab Mitte Juni muß also nachgedüngt werden. Diese ist bis in den September fortzusetzen. Entsprechend der Vielfalt der angebotenen Dünger und ihrer Eigenschaften bestehen auch verschiedene Möglichkeiten der Nachdüngung.

Nachdüngung mit Dauerdüngern: Eine Nachdüngung mit umhülltem Dauerdünger (Laufzeit vier bis fünf Monate) erfolgt einmalig Mitte Juni mit 3 g pro Liter Substrat auf die Substratoberfläche.

Neben den umhüllten Dauerdüngern sind auch granulierte Dauerdünger geeignet. Bei ihnen läuft die Nährstofffreisetzung wesentlich rascher ab (innerhalb von sechs bis zehn Wochen).

Eine Nachdüngung mit granuliertem Dauerdünger ist Mitte Juni und Mitte August ratsam. Jeweils 1,5 g pro Liter Substrat werden auf der Substratoberfläche abgelegt.

Beide Dünger sollten dabei gleichmäßig verteilt und nicht direkt an den Pflanzen abgelegt werden. Die gelösten Nährstoffe gelangen dann mit jedem Niederschlag und jeder Bewässerung in das Substrat.

Nachdüngungen mit mineralischen oder organisch-mineralischen Volldüngern: Sie werden etwa alle drei Wochen durchgeführt. Insgesamt sind also vier bis fünf Einzeldüngungen von Juni—September notwendig und zwar jeweils 1 g pro Liter Substrat. Dabei wird der Dünger auf der Substratoberfläche gleichmäßig verteilt.

Die Nachdüngung mit aufgelösten Düngern (Flüssigdüngung): Sie ist besonders wirkungsvoll und pflanzenverträglich. Sinnvoll ist die wöchentliche Flüssigdüngung ab Mitte Juni. Hierzu werden voll wasserlösliche Nährsalze (2 g pro Liter Wasser) oder Flüssigdünger (2 bis 3 ml pro Liter Wasser) verwendet. Am günstigsten ist es, in eine gefüllte Gießkanne mit bekanntem Fassungsvermögen (5 oder 10 Liter) die entsprechende Menge Dünger gut einzurühren. Davon erhält jede Pflanze etwa 100 ml.

Die Zeitangaben und Aufwandmengen sind in erster Linie Orientierungswerte. Sollten die Pflanzen auffallend dunkelgrüne Blätter aufweisen, ist eine Nachdüngung zu verschieben oder gar auszulassen. Umgekehrt sollte eine Nachdüngung vorgezogen oder zusätzlich eingeplant werden, falls die Blattfärbung nachläßt und hellgrün wird. Zusammenhänge sind hier mit dem unterschiedlichen Nährstoffbedarf der Pflanzenarten, mit dem Substrat, mit Auswaschungsverlusten oder mit dem Standort zu sehen.

Eine Nachdüngung in flüssiger Form sollte nur bei ausreichender Substratfeuchte erfolgen. Auf keinen Fall dürfen trockene Substrate nachgedüngt werden, sonst besteht die Gefahr von Wurzelschädigungen (Salzschäden). Wurden Pflanzenteile durch Düngerlösung benetzt, sollten diese, um Verbrennungen zu vermeiden, sofort mit Wasser abgespritzt werden.

Bei der Düngerwahl können im Juni—Juli stickstoffbetonte Volldünger (zum Beispiel 20/5/10/2 oder 15/5/20/2) zur Förderung des Zuwachses und der Entwicklung, ab August Dünger mit ausgeglichenem Nährstoffverhältnis (zum Beispiel 15/11/15/1 oder 12/12/17/2) zur Förderung der Standfestigkeit und der Blütenbildung bevorzugt werden. Alle Dünger sind selbstverständlich vor Feuchtigkeit geschützt trocken aufzubewahren. Beim Einkauf von Düngern können dann auch größere Packungseinheiten aus Gründen der Preiswürdigkeit bevorzugt werden. Erworben werden können sie in jedem guten Fachgeschäft.

Krankheiten und Pflanzenschutz

Schadensursachen

Eine Vielzahl belebter und unbelebter Faktoren können Erkrankungen oder Schädigungen an Pflanzen hervorrufen. Bei Balkon- und Ampelpflanzen sind unbelebte Ursachen in den überwiegenden Fällen für die Schädigungen verantwortlich.

Witterungsbedingte Schäden

Durch zu tiefe Temperaturen treten bei vielen Pflanzen Wuchshemmungen auf, die Blätter verfärben sich dann unnatürlich rot oder gelb. Nach Frosteinwirkung stirbt empfindliches Pflanzengewebe unter Schwarzfärbung ab, um dann in Fäulnis überzugehen. Solche Schäden können bei Neupflanzungen im Mai/Juni auftreten oder auch im Frühherbst. Hier empfiehlt sich die Abdeckung der Pflanzen während kalter Nächte. Andererseits sind aber auch Hitzeschäden bzw. Schäden durch zu intensive Sonneneinstrahlung (»Sonnenbrand«) nicht selten. Mit solchen Schädigungen muß gerechnet werden, wenn man im Mai/Juni nicht abgehärtete Pflanzen ins Freiland pflanzt. Gleiche Symptome treten aber auch nach längeren Perioden mit wolkenreichem und regnerischem Wetter auf. Das in dieser Zeit gebildete Pflanzengewebe ist weich und empfindlich. Wenn nun ein plötzlicher Wetterumschwung mit hohen Temperaturen und intensiver Lichteinstrahlung auftritt, können beispielsweise Blätter und Blüten von Knollenbegonien »verbrennen«. Braune Blattflecken und verbräunte Blütenblattränder weisen hierauf hin.

Witterungsbedingungen mit hoher Luftfeuchte rufen bei Pelargonien bräunliche Flecken auf den Blättern und Stielen hervor, die man auch als »Kork« bezeichnet. Weitere Beschädigungen können durch Wind oder durch in den Sommermonaten häufiger auftretenden Hagelschlag entstehen, wobei Pflanzenteile abgerissen oder Blätter verletzt werden.

Nährstoffmangel und -überschuß

Mangel an Nährstoffen ruft bei den einzelnen Nährelementen charakteristische Verfärbungen hervor, die der Fachmann oft leicht einem Element zuordnen kann.

Gewißheit gibt hier allerdings nur eine Bodenanalyse. Nährstoffmangel bedingt immer reduziertes Wachstum und verminderte Blütenbildung.

Stickstoffmangel: Hier verfärben sich die Blätter zunächst hellgrün, die ältesten Blätter vergilben und werden später abgeworfen. Besonders auffällig ist diese Erscheinung bei unterernährten, »verhungerten« Pelargonien zu sehen.

Phosphormangel: Hinweise sind unnatürlich blaugrüne Blätter, die unterseits oft rötlich verfärbt sind. Phosphormangel tritt nicht so häufig auf.

Kalimangel: Mangel äußert sich zunächst an Aufhellungen der Blattränder mit nachfolgenden Blattrandverbräunungen. Charakteristisch sind diese Symptome für Pflanzen mit großen, weichen Blättern, wie zum Beispiel Petunien.

Magnesiummangel: Hier sind über die ganze Pflanze verteilt zunächst einige Blätter marmoriert, das Gewebe verbräunt in einem späteren Stadium zwi-

82

schen den Blattadern. Besonders deutlich sind diese Mangelerscheinungen bei Pelargonien zu sehen.

Eisenmangel: Insbesondere an den jungen Blättern treten chlorotische Erscheinungen (Aufhellungen) auf, die Blattadern hingegen bleiben grün. Häufiger sind Eisenmangelsymptome besonders bei Brachyscome aufgetreten.

Nicht nur Nährstoffmangel äußert sich in typischen Symptomen, auch für Nährstoffüberschuß gibt es eindeutige Hinweise. So sind die Blätter bei überhöhter Stickstoffdüngung intensiv dunkelgrün gefärbt und unnatürlich groß und weich.

Übermäßige Düngung bedeutet aber auch Anreicherung von Salzen im Substrat. Bei zu hohen Salzgehalten werden oberirdisch an den Blatträndern Verbräunungen (Nekrosen) sichtbar.

Wassermangel und Wasserüberschuß

Die typischen Anzeichen für Wassermangel sind allgemein bekannt. Blätter, Triebe oder die ganze Pflanze hängen schlaff herunter. Solche Pflanzen können nur durch sofortiges Gießen und wiederholtes Überbrausen der oberirdischen Pflanzenteile gerettet werden. Im fortgeschrittenen Stadium ist der Abwurf von Blättern und Blüten allerdings nicht mehr zu verhindern. Trockenschäden sind besonders bei Auswahl zu kleiner Pflanzgefäße zu erwarten.

Wasserüberschuß schränkt die Bodendurchlüftung ein. Begünstigt werden dann grundsätzlich Wurzelfäulen. Ähnlich wie bei Trockenheit verwelken sich solch geschädigte Pflanzen, eine Wasseraufnahme über die zerstörten Wurzeln ist nicht mehr möglich. Um Vernässungen zu vermeiden, sollte immer sichergestellt sein, daß offene Wasserabzugslöcher vorhanden sind. Um solcherlei Schäden zu vermeiden, sollte vor jedem Gießen die Substratfeuchte mit dem Finger (Fingerprobe) überprüft werden.

Luftverunreinigungen

Giftige Gase und Stäube führen besonders an empfindlichen Pflanzen zu Blattschädigungen. Solche Schäden sind nur selten zu beobachten und treten lediglich in der Nähe größerer Industrieanlagen auf.

Bereits hier wird deutlich, wie vielfältig die Schadbilder aber auch die Schadensursachen sind. Wenn keine Erkrankungen durch Pilze oder Tiere vorliegen, ist eine chemische Bekämpfung nicht möglich und daher sinnlos.

Vorbeugen ist besser als heilen

Wie bei Mensch und Tier können auch bei Pflanzen eine ganze Reihe von Maßnahmen ergriffen werden, die der Gesundheit dienlich sind und die allgemeine Widerstandskraft erhöhen. Werden diese Maßnahmen durchgeführt, ist mit Erkrankungen nur in den seltensten Fällen zu rechnen. Für einen schnellen Überblick sollen die nachfolgenden Anhaltspunkte dienen.

Pflanzeneinkauf: Hier sollte neben der Qualität bevorzugt auch die Gesundheit der Pflanzen beurteilt werden. Nur gesunde und wüchsige Pflanzen sind robust und widerstandsfähig gegenüber Erkrankungen.

Standortbedingungen: Pflanzenarten, die sonnige Standorte bevorzugen, sollten nicht in schattigen Lagen gepflanzt werden und umgekehrt. Entspricht der Standort nicht den Ansprüchen der Art, so ist mit einem gewissen Erkrankungsrisiko zu rechnen. Grundsätzlich gilt, daß luftbewegte Standorte, bei denen die Pflanzen nach Regenfällen rasch abtrocknen, Pilzerkrankungen und auch Befall durch tierische Schaderreger vorbeugen. Lichtmangel fördert hingegen Erkrankungen ebenso wie zu dicht gepflanzte Bestände.

Kulturerden und Substrate: Krankheitsfreie Substrate mit stabiler Struktur, optimalem pH-Wert und ausgewogener Grunddüngung ermöglichen den frisch gesetzten Pflanzen das schnelle Einwurzeln und zügiges Wachstum. Dies ist der Pflanzengesundheit besonders förderlich.

Bewässerung: Eine gleichmäßige Wasserversorgung ist vorteilhafter, als ein extremer Wechsel von trockenen und nassen Phasen. Der Zeitpunkt der Bewässerung sollte immer so gewählt werden, daß die Pflanzen noch vor Einbruch der Nacht vollständig abtrocknen. Auf feuchten Pflanzenteilen finden sonst Pilzsporen ideale Keimbedingungen vor.

Bei schlecht dränenden Substraten in Verbindung mit übermäßiger Wasserversorgung werden Bodenpilze gefördert.

Düngung: Wichtig ist, daß alle Pflanzennährstoffe in einem dem Bedarf der Pflanzen entsprechenden Verhältnis angeboten werden. So führt einseitig betonte Stickstoffdüngung zur Ausbildung von weichem Pflanzengewebe, das leicht von verschiedenen Pilzarten befallen wird.

Pflanzenhygiene: Im Frühjahr sollten alle Gefäße vor einer Neupflanzung gründlich mit Wasser gereinigt werden. Dabei sind Substrat-, Wurzel- und andere Pflanzenrückstände zu entfernen. Pflanzungen sind möglichst nur in neuem Substrat vorzunehmen.

Danach sollte regelmäßig, mindestens wöchentlich, kontrolliert werden, ob erkrankte Blätter oder geschädigte Pflanzenteile vorhanden sind. Abgestorbene Pflanzenteile, verblühte Blüten, Samenstände und beschädigte Blätter werden unmittelbar entfernt. Dies beugt Erkrankungen vor oder beseitigt erste, schon vorhandene Befallsherde. Solche Maßnahmen sind für eine gesunde Pflanzenentwicklung am wirksamsten.

Schaderreger und Schadtiere

Auch wenn Widerstandsfähigkeit gegenüber Erkranken die Regel ist, können un-

ter ungünstigen Wachstumsbedingungen doch vereinzelt Pflanzenkrankheiten oder Befall durch tierische Schaderreger auftreten. Das Wissen um diese Krankheiten ist äußerst umfangreich und in zahlreichen Büchern dokumentiert. Daher sollen nachfolgend nur die wichtigsten Erregergruppen kurz vorgestellt und die an Balkon- und Ampelpflanzen vorkommenden Krankheiten angesprochen werden.

Viren bestehen aus Eiweißkörpern. Sie haben keinen eigenen Stoffwechsel und sind nur in lebenden Zellen von Mensch, Tier oder Pflanze funktionsfähig. Sie sind über Pflanzensäfte durch Läuse, durch Schnittmaßnahmen, Verletzungen oder auch über Stecklinge von infizierten Pflanzen übertragbar. Pflanzen, die von Viruskrankheiten befallen sind, zeigen häufig Blattscheckungen, Blüten- und Triebdeformationen. Weiterhin sind Blattkräuselungen oder streifige Aufhellungen der Blätter zu beobachten.

Eine direkte Bekämpfung von Viren durch zum Beispiel Chemikalien ist nicht möglich, so daß befallene Pflanzen möglichst über die Mülltonne entsorgt werden sollten. Von einer Kompostierung ist abzuraten.

Bakterien sind einzellige, stäbchenförmige Lebewesen. Verbreitet werden sie über Wasser, Wind, Insekten oder durch erkranktes Pflanzenmaterial. Krebsartige Wucherungen an Wurzeln, Stengeln oder Trieben, glasig-feuchte oder schleimige Flecken auf den Blättern, Naß- und Wundfäulen können durch Bakterien verursacht sein ebenso wie Welkeerscheinungen. Als Erreger von Pflanzenkrankheiten spielen Bakterien keine große Rolle und treten lange nicht so häufig wie Pilzerkrankungen in Erscheinung. Eine wirksame Bekämpfung von Bakterien ist kaum möglich — daher sollten auch hier erkrankte Pflanzen dem Müll zugegeben und nicht kompostiert werden. Die Anwendung von Antibiotika zur Bekämpfung von Bakteriosen ist theoretisch denkbar — aber vom Gesetzgeber nicht erlaubt.

84

Pilze

Die meisten Pflanzenkrankheiten werden durch Pilze verursacht. Sie schmarotzen in oder auf der Pflanze. Dabei entziehen sie dieser für ihr eigenes Wachstum lebensnotwendige Nährstoffe. Hieraus resultieren punktförmige Absterbeerscheinungen, Blattflecken, Blütenfäulen, Triebwelken oder das völlige Absterben der Pflanzen. Auch Erkrankungen im Wurzelbereich treten vielfach auf.

Die Ausbreitung der Pilze erfolgt durchweg über Sporen, die durch zum Beispiel Wind und Regen verfrachtet werden. Daher sind sie in der Lage, sich unter günstigen Bedingungen (hohe Temperaturen in Verbindung mit hoher Luftfeuchtigkeit) mit Hilfe ihrer Sporen relativ schnell innerhalb eines Pflanzenbestandes auszubreiten. Hier scheint eine rechtzeitige Bekämpfung dringend angeraten — entweder durch Entfernen erkrankter Pflanzenteile oder durch den Einsatz von Pilzbekämpfungsmitteln. Nachfolgend sind die wichtigsten, an Sommerblumen vorkommenden Pilzerkrankungen, ihr Erscheinungsbild sowie Hinweise zur Bekämpfung aufgeführt:

Blattfleckenpilze: Auf den Blättern erscheinen rundliche oder eckige Flecken, oft grau bis braun gefärbt. Teile oder auch ganze Blätter vertrocknen und fallen später ab. Befall tritt besonders nach feuchten Wetterperioden auf. Die verschiedensten Pflanzenarten können durch Blattfleckenpilze erkranken. *Gegenmaßnahmen:* Befallene Blätter ausputzen, Pflanzenbestand möglichst trokken halten, Stickstoffdüngung reduzieren. Nur wenn diese Maßnahmen nicht ausreichen, sollten Pilzbekämpfungsmittel (Fungizide) eingesetzt werden.

Echter Mehltau: Sowohl auf der Blattober- wie Unterseite entwickelt sich ein mehliger, grau-weißer Belag. Seltener auch an Stengeln, Knospen und Blüten. Ein Befall tritt insbesondere nach wechselhafter Witterung auf, wobei Infektionen auch bei trockenem Wetter möglich sind. Häufiger werden Knollenbegonien,

Vergißmeinnicht und Löwenmaul befallen. *Gegenmaßnahmen:* Außer reduzierter Stickstoffdüngung können keine weiteren nichtchemischen Maßnahmen empfohlen werden. Erfolgreich sind nur spezifische Pilzbekämpfungsmittel.

Falscher Mehltau: Im Gegensatz zum Echten Mehltau ist nur blattunterseits ein mehlig grauer Pilzrasen feststellbar. Blattoberseits sind häufiger gelblichbraune Flecken zu sehen. Diese Krankheit tritt insbesondere während feuchter Wetterperioden auf und zwar bevorzugt an Löwenmaul und Stiefmütterchen. *Gegenmaßnahmen:* Viel kann erreicht werden, wenn die oberirdischen Pflanzenteile über einen längeren Zeitraum vor Feuchtigkeit geschützt werden. Sonst stehen verschiedene Fungizide zur Verfügung.

Grauschimmel (Botrytis): Botrytis ist ein Allerweltsparasit, der den meisten Pflanzenfreunden durch sein mausgraues, watteartiges Pilzgeflecht leider gut bekannt ist. Standorte mit geringer Luftbewegung, zu dichte Pflanzenbestände und feuchte Wetterperioden begünstigen den Pilz. Praktisch können alle Pflanzenarten unter ungünstigen Wachstumsbedingungen befallen werden. Ärger bereitet der Pilz insbesondere an Fuchsien, Pelargonien oder Begonien. *Gegenmaßnahmen:* Alle befallenen Pflanzenteile sind möglichst umgehend zu entfernen (ausputzen). Wichtig ist auch, daß die Pflanzen immer schnell abtrocknen und dementsprechend also luftig gestellt werden sollten.

Rostpilze: Auf den Blättern sind gelbliche Flecken, blattunterseits rotbraune, pustelartige Sporenlager ausgebildet. Gefördert werden solche Erkrankungen in Schlechtwetterperioden. Rostpilze befallen viele Pflanzenarten, zum Beispiel Pelargonien, Nelken oder Fuchsien. *Gegenmaßnahmen:* Bei den ersten Befallsanzeichen sollten alle infizierten Blätter abgesammelt und vernichtet werden. Wichtig ist, daß die Pflanzen einen guten Ernährungszustand aufweisen. Auch gegen Rostpilze sind im Handel hochwirksame Fungizide erhältlich.

Welkekrankheiten: Verschiedene Pilzarten, die über die Wurzeln in die Leitungsbahnen der Pflanzen vordringen, gehören zu den sogenannten Gefäßbündelparasiten. Die Wasserleitungsbahnen werden verstopft, Welkesymptome treten zunächst nur halbseitig an einzelnen Pflanzenteilen auf. Dabei verfärben sich die Blätter grau-grün oder gelb. Die Welke erfaßt dann die ganze Pflanze, was zum raschen Tode führt. Bekannt ist diese Krankheit insbesondere bei Astern, bei Begonien und Chrysanthemen. *Gegenmaßnahmen:* Außer der Einstellung optimaler Wachstumsbedingungen sind keine wirksamen Bekämpfungsmaßnahmen bekannt. Erkrankte Pflanzen sind umgehend aus dem Bestand zu entfernen.

Tierische Schädlinge

Die größte Gruppe von Pflanzenschädlingen gehört den Klassen der Spinnentiere (Spinnmilben) und Insekten (Blattläuse, Weiße Fliegen u.a.) an. In der Klasse der Weichtiere sind noch die Schnecken erwähnenswert. Schäden entstehen durch Zerbeißen von Gewebe oder durch Saugen an jungen Trieben und Blättern. Schädigungen werden aber oft nicht nur durch Entzug von Pflanzensäften hervorgerufen, sondern auch durch Ausscheidungsprodukte, die in das Pflanzengewebe abgegeben werden.

Schnecken: Sie leben tagsüber versteckt. Mit einer speziellen Reibezunge werden Löcher in die Blätter (Rand- und Lochfraß) zahlreicher Pflanzenarten genagt. Typisch ist das Hinterlassen einer silbrigglänzenden Schleimspur. *Bekämpfung:* An Regentagen oder in den frühen Morgenstunden können Schnecken leicht abgesammelt werden. Ausgelegte Brettchen oder Salatblätter dienen ihnen als Unterschlupf während des Tages und so sind sie leicht auffindbar und zu beseitigen. Bewährt hat sich auch das Aufstellen von in Schalen gefülltes Bier (»Bierfallen«). Bier dient als Lockmittel,

die Schnecken verenden dann in den Schalen.

Spinnmilben: Mit ihren saugenden Mundwerkzeugen stechen sie Pflanzenzellen an und saugen den Zellinhalt aus. Meist blattunterseits lebend und rötlich bis bräunlich (»Rote Spinne«) gefärbt neigen sie zur Ausbildung feinster Gespinste. Die Blätter befallener Pflanzen sind anfänglich gelblich oder silbrig gesprenkelt, sie verbräunen und fallen dann später ab. Gute Entwicklungsbedingungen finden die Spinnmilben bei sehr warmer und trockener Witterung. *Bekämpfung:* Nur wiederholte Behandlungen mit Pflanzenschutzmitteln garantieren einen sicheren Erfolg. Gefährdete Pflanzen sollten bevorzugt in windoffenen Lagen wachsen.

Blattläuse besitzen stechend-saugende Mundwerkzeuge, mit denen sie auch die Leitgefäße der Pflanzen besaugen können. Überschüssige Zuckerverbindungen werden von ihnen als »Honigtau« wieder ausgeschieden. Schäden entstehen nicht nur durch den Saftentzug, sondern auch durch Speichelabsonderungen. Diese führen oft zu Blattkräuselungen und anderen Mißbildungen. Fast alle Kulturpflanzen können befallen werden. In der Regel werden die jeweils jüngsten Triebspitzen und Blätter bevorzugt, wobei sich oft regelrechte Lauskolonien bilden. *Bekämpfung:* Windoffene Standorte werden von Läusen weniger gewählt. Bei den ersten kleinen Kolonien sollten die Tiere mit einem Wasserstrahl abgespritzt werden. Gut mit Wasser und Nährstoffen versorgte Pflanzen tolerieren Lausbefall ohne größere Schäden. Wenn Marienkäfer, deren Nahrungsgrundlage Läuse sind, an den Pflanzen vorkommen, sollte von chemischen Bekämpfungsmaßnahmen abgesehen werden.

Weiße Fliegen gehören zu den Mottenläusen. Die unter den Blättern sitzenden Vollinsekten (hier befinden sich auch die Eier und Larven) ähneln weißbepuderten Fliegen oder kleinen (1 bis 2 mm großen) Motten. Bei Störungen fliegen sie kurz auf. An geschützten Standorten (windabgekehrt) und in warmen Sommern können erhebliche Schäden an Pelargonien, Fuchsien, Salvien, Ageratum u.a. entstehen. *Bekämpfung:* Wichtig ist, daß zunächst keine befallenen Pflanzen überwintert werden. Stark geschädigte Blätter sind zu entfernen und die Pflanzen an zugigen Standorten aufzustellen. Sonst garantieren nur wiederholte chemische Behandlungen in kürzeren Abständen eine sichere Vernichtung.

Thripse werden auch Blasenfüße oder Fransenflügler genannt. Es sind relativ kleine, zumeist schwarz gefärbte Insekten (1 mm) mit gefransten Flügeln und Haftblasen an den Füßen. Sie saugen Pflanzenzellen der Blätter und Blüten aus. Der Schädling selbst bleibt meist verborgen. Befallenes Gewebe ist zunächst weißlich gesprenkelt und fällt später durch silbrigen Glanz auf. Starker Befall führt zur Vergilbung und zum Absterben der Blätter. Eine *Bekämpfung* ist nur mit geeigneten Pflanzenschutzmitteln möglich.

Schmetterlingsraupen: Bei den Schmetterlingen ruft nur das Raupenstadium Pflanzenschädigungen hervor. Die Raupen fressen an den Blättern verschiedener Pflanzenarten — es sind zumeist runde Fraßlöcher. *Bekämpfung:* Möglichst frühzeitig sollten Blätter, an deren Unterseite Eier abgelegt wurden, entfernt werden. Da die Raupen oft nur vereinzelt auftreten, ist das Absammeln wohl die schonendste Methode und jeder chemischen Behandlung vorzuziehen.

Bekämpfungsmaßnahmen

Unter Pflanzenschutz sind alle Maßnahmen zu verstehen, die geeignet sind, Schäden durch Krankheitserreger oder Schädlinge an Kulturpflanzen zu verhindern oder zu reduzieren. Ziel sollte immer ein umweltschonender Pflanzenschutz sein. Die meisten Hobbygärtner haben nicht nur Freude an Pflanzen — sie sind allgemein recht naturverbunden.

Sie sind frei von jedem Sachzwang, chemische Pflanzenbehandlungsmittel anwenden zu müssen. Denn jede chemische Maßnahme gegen Krankheiten oder Schädlinge ist immer zugleich auch ein kleiner Eingriff in die Natur. Daher sollte nur in äußerster Not, insbesondere wenn größere Pflanzenpartien gefährdet sind, zu diesen Maßnahmen gegriffen werden. Es ist vorher immer die Frage zu stellen, ob alle nichtchemischen Verfahren zur Schadensabwehr bzw. Maßnahmen zur Herabsetzung der Schadenswahrscheinlichkeit angewendet wurden (u.a. richtige Standortwahl für die jeweilige Pflanzenart, optimale Gestaltung der Wachstumsfaktoren, Einsammeln von Schnecken oder Raupen, Entfernen von erkrankten Pflanzenteilen).

Nur wenn die Schadensursache sicher abgeklärt ist, kann auch gezielt — ohne die Nützlinge zu gefährden — vorgegangen werden. Im Zweifelsfall sollten immer Erkundigungen beim zuständigen Pflanzenschutzamt oder den Außenstellen der Landwirtschaftskammern eingeholt werden. Auch der Facheinzelhandel verfügt über sachkundiges Personal, das gezielte Empfehlungen geben kann.

Bei der Beschreibung der wichtigsten pilzlichen Erkrankungen und Schädlinge wurden bewußt keine Hinweise auf bestimmte chemische Pflanzenschutzmittel gegeben. Dies wäre wenig sinnvoll, da im Hobbygartenbau nur wenige Wirkstoffe angewendet werden dürfen bzw. das Angebot zugelassener Präparate ständig wechselt. Daher sollte vor der Anwendung chemischer Wirkstoffe möglichst immer ein Fachberater angesprochen werden. Nur er kann aktuelle Empfehlungen geben. Für Hobbygärtner werden spezielle Kleinpackungen angeboten, die Dosiersysteme wie Dosierkammern, Dosierkapseln, Pflanzenstäbchen oder Portionsbeutel enthalten. Dies erleichtert den richtigen Umgang mit chemischen Produkten; Fehldosierungen und Mißbrauch werden so verhindert und es fallen keine unnötigen Restmengen an, die entsorgt werden müßten.

Mit der Anwendung von Pflanzenschutzmitteln sind auch immer gewisse Gefahren für Mensch, Tier oder Umwelt verbunden. Daher trägt der Anwender jeweils auch ein hohes Maß an Verantwortung.

Von Spezialfirmen (zum Beispiel Firma Neudorff) werden z.T. recht umfangreiche Präparategruppen gegen die meisten Krankheiten und Schädlinge angeboten.

Es handelt sich vielfach um biologische Präparate, deren Wirkstoffe aus Pflanzenextrakten gewonnen wurden und daher oft recht schnell abgebaut werden. Auch diese Produkte sollten sparsam und gezielt eingesetzt werden, denn ihre Wirkstoffe sind nicht völlig ungiftig — sie besitzen häufig auch eine erhebliche Breitenwirkung.

Kräuterzubereitungen und Tees nach alten Hausrezepten selbst hergestellt oder fertig gekauft erhöhen bei wiederholter Anwendung die natürliche Widerstandskraft der Pflanzen. Eine sichere Wirkung gegen Pilzerkrankungen oder Schädlinge ist aber nicht immer gegeben.

Überwinterung von Balkon- und Ampelpflanzen

Das Sommerblumenjahr neigt sich langsam dem Ende zu. Alle Pflanzen haben sich gerade in den letzten Monaten überaus prächtig entwickelt und so stellt sich im September die Frage, ob diese im Herbst weggeworfen oder einige von ihnen überwintert werden sollen. Verblühte ein- und zweijährige Arten scheiden beim Wettbewerb um den kostbaren Platz für die Überwinterung gleich aus. Überwintert werden können mehrjährige, ausdauernde Pflanzen, also Stauden, Halbsträucher und Sträucher. Bei einigen Arten lohnt die Überwinterung. Im Folgejahr können sie aufgrund ihrer Größe besonders zum Blickfang werden. Fuchsien oder Geranien, bei denen im Alter zunehmend holzige Triebe vorhanden sind, treiben im Frühjahr ohne Probleme willig aus. Die verholzten Triebe bilden dann ein tragendes Gerüst für das Gewicht der sommerlichen Blütenfülle. Ältere Pflanzen entwickeln sich zunehmend zu Charakteren mit individuellem Aussehen. Sie unterscheiden sich hier erheblich von den jüngeren Pflanzen und wachsen dem Hobbygärtner förmlich »ins Herz«. Eine Trennung von ihnen ist dann nur schwer möglich.

Daß solche Pflanzen nicht nur einen frostfreien Standort beanspruchen, sondern auch während der Wintermonate gepflegt sein wollen ist selbstverständlich. Der Aufwand ist allerdings sehr gering. Welche Bedingungen eingehalten werden müssen, um erfolgreich zu überwintern, soll nachfolgend angesprochen werden.

Standortbedingungen und Überwinterungsorte

Für die Überwinterung von Balkon- und Ampelpflanzen sind möglichst helle Orte

---

Überwinterung und ihre botanischen Voraussetzungen

- **Einjährige:** Einjahresblumen sind krautige Pflanzen, die im Kalenderjahr der Aussaat blühen, fruchten und absterben (Studentenblumen, Petunien).
- **Zweijährige:** Zweijahresblumen sind Pflanzen, die erst in dem der Aussaat (Aussaat erfolgt oft im Juni—Juli) folgenden Kalenderjahr blühen, fruchten und absterben (Vergißmeinnicht, Stiefmütterchen)
- **Stauden:** Stauden sind ausdauernde, mehrjährige, krautige Pflanzen. Sie bilden aus überwinterten Wurzeln oder Speicherorganen alljährlich oberirdische Sprosse, die meist im Herbst absterben (Knollenbegonien). Die oberirdischen Triebe können für die Überwinterung entfernt werden.
- **Halbsträucher:** Sind Pflanzen, bei denen die unteren Teile verholzen und überdauern, die oberen Sproßteile aber krautig bleiben und absterben (Kapaster, Geranien). Ein starker Rückschnitt ist immer notwendig.
- **Sträucher:** Sind Holzgewächse, bei denen mehrere gleichwertige Stämme (Schößlinge) vom Erdboden ausgehen. Aus den Knospen an den verholzten Trieben treiben die Pflanzen wieder aus (Fuchsien). Ein Rückschnitt ist nur für Form und Aufbau der Pflanzen wichtig.

mit nicht allzu extremen Temperaturschwankungen auszuwählen. Geeignet sind Wintergärten, kalte Flure und Treppenaufgänge, helle Kellerräume oder auch heizbare Garagen. Als Grundregel gilt: Je dunkler der Standort, um so niedriger sollte die Temperatur sein. Diese kann im Bereich von 5 bis 10 °C schwanken. Kurzfristige Abweichungen nach unten oder oben werden aber grundsätzlich vertragen. Wichtig ist weiterhin, daß die Luftfeuchte nicht extrem hoch liegt. Es sollte sich also um trockene Überwinterungsorte handeln.

Als Minimalforderung für die Überwinterung ist ein frostfreier Standort (Frostsicherheit!), etwas Licht, geringe Temperaturschwankungen und nicht allzu hohe Luftfeuchtigkeit erforderlich.

Fast alle Balkon- und Ampelpflanzen sind gegenüber Temperaturen unter 0 °C äußerst empfindlich. Insbesondere im Februar/März werden alle jungen und damit zarten Austriebe auch durch geringste Minustemperaturen vollständig abgetötet.

Überwinterungsräume mit nur geringem Lichteinfall führen zu totalem Blattfall der eingeräumten Pflanzen. Die Blätter junger Austriebe sind hellgrün bis weißlich gefärbt, die Triebe sind dünn und lang (»vergeilt«). Ähnlich reagieren Pflanzen auch, wenn die Temperaturen bei gleichzeitig geringem Licht zu hoch liegen.

Unter solchen Bedingungen überwinterte Pflanzen werden nach dem Verpflanzen ins Freiland einen Schock erleiden: die neuen Blätter werden abgeworfen, Triebe sterben ab. Diese Pflanzen werden nur noch äußerst verspätet blühen und die weiteren Monate kränkeln bzw. nur noch vegetieren.

Wenn die Minimalbedingungen für eine Überwinterung also nicht gegeben sind, sollte diese Möglichkeit der Pflanzenbewahrung nicht erwogen werden. Sollten nur begrenzte Stellflächen während der Wintermonate zur Verfügung stehen, können auch bewurzelte Stecklinge überlagert werden.

Pflegemaßnahmen vor, während und nach der Überwinterung

Schon im September beginnt die Vorbereitung der Pflanzen auf ihr Winterquartier. Die Düngung, insbesondere mit stickstoffbetonten Düngern, wird ganz eingestellt oder auf ein Bruchteil der sonst verabreichten Menge reduziert. Auch die Wasserversorgung wird sparsamer gehandhabt.

Beide Maßnahmen führen zu verlangsamtem Wachstum und zur Aushärtung des Pflanzengewebes. Verholztes und ausgereiftes Pflanzengewebe ist während der Wintermonate besonders widerstandsfähig gegenüber Erkrankungen und nicht optimalen Standortbedingungen.

Eingewintert wird erst zu einem möglichst späten Zeitpunkt, aber immer vor den ersten Nachtfrösten. Dies wird in aller Regel im Laufe des Monats Oktober der Fall sein.

Zunächst werden die Triebe leicht, um etwa 30 Prozent, eingekürzt. Zu schwache Triebe werden vollständig entfernt. Dies hat die Vorteile, daß der Platzbedarf im Winterquartier geringer ist und die restlichen Blätter und Triebe weniger Wasser verbrauchen. Gleichzeitig wird die Gefahr von Erkrankungen oder Schädlingsbefall reduziert und im Frühjahr kann mit einem stärkeren Austrieb gerechnet werden. Rückschnitt sollte nur bei trockenem Wetter erfolgen, damit die Schnittwunden möglichst schnell abtrocknen. Andernfalls könnten erste Infektionsherde durch den Grauschimmelpilz Botrytis entstehen. Beschädigte oder abgestorbene Blätter sowie alle Blüten und Knospen werden sorgfältig ausgeputzt. Nur trockene Pflanzen in nicht allzu nassen Substraten dürfen eingeräumt werden. Dabei verbleiben die Pflanzen in ihren Gefäßen. Aus den Balkonkästen werden sie vorsichtig herausgenommen und, ohne den Wurzelballen übermäßig zu schädigen, in Töpfe eingesetzt. Sauber geputzte und laubtrockene

Linke Seite: Viele Pflanzen werden — fachgerecht überwintert — von Jahr zu Jahr schöner. Zum Beispiel die Strauchmargerite *(Argyranthemum frutescens)*.

91

Pflanzen mit einseitigem Lichtangebot wachsen immer zum Licht.

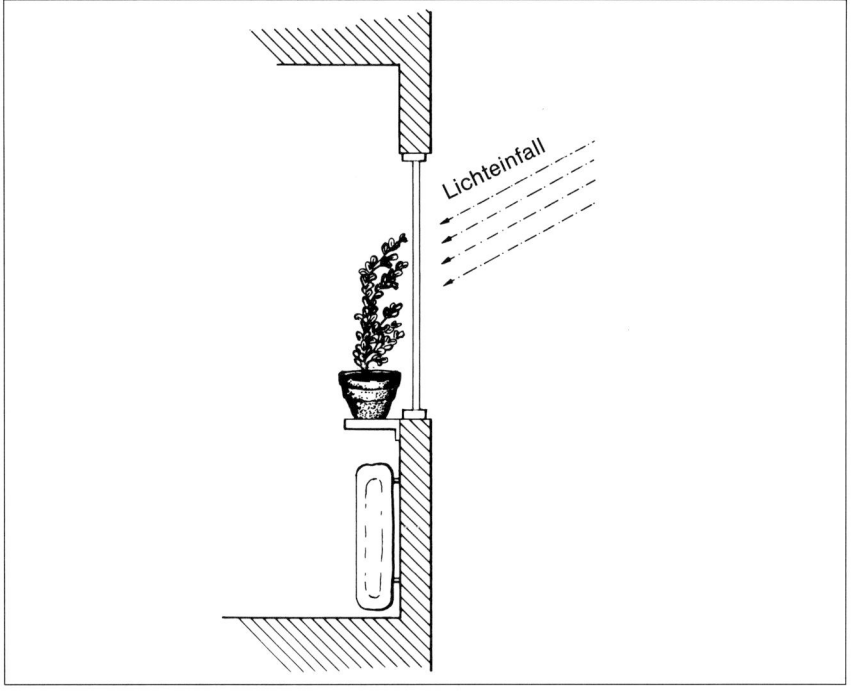

Lichteinfall

Pflanzen sind gegenüber eventuellen Erkrankungen widerstandsfähiger. Trockenere Substrate schützen insbesondere vor Wurzelfäule.

Von November bis Februar herrscht für alle Pflanzen absolute Winterruhe. In dieser Zeit wird einmal wöchentlich lediglich kurz kontrolliert. Abgefallene oder geschädigte Blätter sollten entfernt und bei Bedarf die Wasserverluste durch maßvolles Gießen ersetzt werden. Größte Vorsicht ist dabei geboten, denn das Substrat darf nur mäßig feucht gehalten werden. Weiterhin ist auf Schädlinge zu achten. Bei Lichtarmut und niedrigen Temperaturen verfallen die Pflanzen in eine »Halbruhe«, in einen Winterschlaf, in dem alle Stoffwechselvorgänge auf ein Minimum reduziert sind.

Erst ab Februar/März laufen mit zunehmendem Licht und langsam steigenden Temperaturen die Wachstumsprozesse an. Hinweise sind schwellende Triebknospen und erste kleine Blättchen.

Falls vorhanden, können die Pflanzen an einen anderen Ort mit mehr Licht umgestellt werden. Hier kann auch die Temperatur über 10 °C liegen. Es wird nur nach Bedarf gegossen, auch kann schon eine geringe Düngung (0,1% = 1 g Volldünger pro l) erfolgen. Im März erhalten die Pflanzen ihren endgültigen Formschnitt: eventuell vergeilte Austriebe werden herausgebrochen und abgestorbene Triebe sowie geschädigte Blätter entfernt. Längere Triebe, aber nur die stärksten, werden auf 5 bis 10 cm Länge (je nach Pflanzenart) eingekürzt, dabei sollten mindestens drei bis fünf »Augen«, also Knospen, in den Blattansatzstellen verbleiben, aus denen dann der Neutrieb erfolgt. Ein solch radikaler Rückschnitt führt zu verstärktem Austrieb auch der letzten Triebanlagen. Die Pflanze wird entsprechend buschig und vieltriebig, ihr Aufbau bleibt dabei harmonisch und gedrungen.

Bei mehrjährigen Kübel- und Ampelpflanzen sollte zu diesem Zeitpunkt ein Umtopfen in größere Töpfe und Ampeln erwogen werden. Zumindest sind Substratverluste (Sackungen) durch frische

92

Pflanzerden aufzufüllen. Dem Austrieb und der weiteren Entwicklung entsprechend wird die Wasserversorgung und Düngung (1 g Dünger pro 1 Wasser) angepaßt und auf wöchentliche Nährstoffgaben erhöht. Pflanzenfreunde, die im Besitz von Folientunneln oder Hobbygewächshäusern sind, können den Pflanzen nun bessere Wachstumsbedingungen anbieten. Die Pflanzen werden umgeräumt. In ausgesprochen kalten Nächten ist eventuell noch ein Zusatzschutz erforderlich. Wo diese Möglichkeiten nicht gegeben sind, verbleiben die Pflanzen noch bis Mitte Mai am bisherigen Standort.

Aus der Form wachsende Triebe sind nun laufend einzukürzen. Wenn keine Frostnächte mehr zu erwarten sind, ab dem 15. bis 20. Mai, sollten die Pflanzen an die Außenbedingungen gewöhnt und abgehärtet werden. Dies gelingt insbesondere an Tagen mit bedecktem Himmel oder regnerischem Wetter oder indem man für einige Tage einen nicht der vollen Sonne ausgesetzten und windar-

men Platz auswählt. Zu rasche Wechsel der Lichtintensität verursachen Blattverbrennungen. Nach der Abhärtungsphase erhalten alle Pflanzen den vorgesehenen Standort. In Töpfen überwinterte Pflanzen können auch in Balkonkästen gepflanzt werden.

Von überwinterten Pflanzen können auch Stecklinge gewonnen werden. In diesem Fall dienen sie also als »Mutterpflanzen«.

Nicht jeder Pflanzenliebhaber verfügt über ausreichende Stellmöglichkeiten zur Überwinterung größerer Pflanzen. In diesem Fall bietet sich die frühzeitige (August/September) Vermehrung von Fuchsien, Pelargonien oder anderen ausdauernden Pflanzen an. Nach der Bewurzelung in kleine Töpfe getopft, benötigen sie während der Wintermonate nur wenig Platz. Die Überwinterung der Jungpflanzen erfolgt in gleicher Weise wie vorher beschrieben. Es wird ein kühler, aber heller Standort gewählt und wöchentlich kontrolliert. Bei Anzucht in kleinen Töpfen oder Pikierschalen sollte

Geranien sind lohnende Überwinterungskandidaten.

93

zum Wachstumsbeginn im Februar—März in größere Gefäße umgetopft werden. Nach Anhebung der Temperatur und an hellem Standort ist die Weiterentwicklung recht zügig.

Angepaßte Wasser- und Düngergaben fördern diese Entwicklung. Zur Erzielung buschiger und kompakter Pflanzen wird wiederholt gestutzt, wobei jeweils nur die stärksten Triebe einzukürzen sind. Auch diese Pflanzen werden abgehärtet und im Mai in die vorgesehenen Gefäße gepflanzt.

Die Überwinterung sollte nicht planlos erfolgen, sie ist am Bedarf des nachfolgenden Jahres zu orientieren. Dabei sollte auch eine gewisse »Verlustrate« einbezogen werden, denn trotz bester Pflege muß doch immer wieder mit Verlusten gerechnet werden. Vorteilhaft ist die Überwinterung selbstvermehrter Jungpflanzen, da alle Wachstumsabschnitte »erlebbar« sind. Hier sind alle Möglichkeiten gegeben, das Aussehen der Pflanzen durch Rück- und Formschnitt seinen eigenen Wünschen und Vorstellungen entsprechend zu gestalten.

Pflanzenarten, bei denen eine Überwinterung problemlos und lohnend ist, sind zur schnellen Orientierung in der Übersicht aufgeführt.

Überwinterungswürdige Pflanzenarten	
Asteriscus maritimus	Dukatenblume
Begonia-Knollenbegonien-Hybriden	Knollenbegonie (Überwinterung der Knollen)
Chrysanthemum frutescens (Neu: *Argyranthemum frutescens*)	Strauchmargerite
Cuphea ignea	Zigarettenblümchen
Felicia amelloides	Kapaster
Fuchsia-Hybriden	Fuchsie
Lantana-Camara-Hybriden	Wandelröschen
L. montevidensis	
Lotus maculatus,	Hornklee
L. berthelotii	
Pelargonium-Zonale-Hybriden	Pelargonie
Pelargonium-Peltatum-Hybriden	Hängepelargonie
Plectranthus fruticosus	Mottenkönig

94

Vermehrung und Anzucht von Balkon- und Ampelpflanzen

Linke Seite: Die Kaskadenblume *(Heterocentron-*Hybride) wird durch Stecklinge vermehrt.

Für jeden Pflanzenliebhaber ist es eine natürliche Herausforderung, zumindest einen Teil seiner Pflanzen selbst anzuziehen, sei es aus Samen (generative Vermehrung) oder aus Stecklingen (vegetative Vermehrung). Einige Pflanzenarten (siehe Balkon- und Ampelpflanzen, ab Seite 29), werden grundsätzlich aus Samen vermehrt (zum Beispiel Lobelien), andere durch Stecklinge (zum Beispiel Fuchsien). Bei einigen Arten (zum Beispiel Verbenen) führen beide Methoden zum Erfolg.

Vermehrung aus Samen

Je nach Pflanzenart erfolgt die Aussaat von Januar bis Mai. Zunächst wird provisorisch im Wohnhaus an hellen Fensterstandorten ausgesät, ab April kann in Frühbeetkästen, Folientunneln oder in ungeheizten Kleingewächshäusern, ab Mai direkt im Freiland ausgesät werden. Bei größeren Samen werden einzelne Körner im Abstand von 2×2 cm ausgelegt. Bei teurem Saatgut erfolgt die Aussaat dünn und breit gestreut. Möglich ist auch die Tuffaussaat (zum Beispiel bei Tagetes), wobei fünf bis zehn Einzelsamen gleichzeitig mit einem angefeuchteten Finger pro Saatstelle abgelegt werden. Nach der Ablage sollten alle Aussaaten mit einem Brettchen leicht angedrückt werden.

Gefäße und Erden

Als Aussaatgefäße sind vorher gereinigte Schalen, Töpfe und Styroporkisten verwendbar. Der Handel bietet hier aber auch spezielle Gefäße wie Multitopfplatten, Kunststoffkisten sowie Torfquelltöpfe an. Diese müssen vor der Aussaat über reichliche Wasserzugabe aufgequollen werden.

Als Aussaaterden sind wasserdurchlässige, nährstoffarme Substrate wie Mischungen aus feinem Torf und Sand (Mischungsverhältnis 4:1; 81 Torf + 21 Sand) oder Mischungen aus humosem, leichten Gartenboden, der gesiebt werden muß, mit Torf (1:1) oder Sand (3:1) geeignet. Eigenmischungen erhalten dabei grundsätzlich keinen Volldünger, denn Sämlinge reagieren ausgesprochen empfindlich auf höhere Salzgehalte im Substrat. Zur Einstellung des erforderlichen pH-Wertes werden 4 g kohlensaurer Kalk pro Liter Substrat, eventuell auch ein Spurenelementdünger (0,1 g pro Liter) gleichmäßig eingemischt. Zu empfehlen ist sicherlich der Bezug von speziellen Aussaat- oder Vermehrungssubstraten, die im Fachhandel angeboten werden. Diese sind frei von pilzlichen Schaderregern sowie Unkrautsamen. In diesem Fall erübrigt sich auch die Zugabe von Kalk und Spurenelementdünger.

Licht, Wasser

Vor der Aussaat ist zu beachten, ob die Pflanzenart zu den Licht- oder Dunkelkeimern gehört. Entsprechende Hinweise sind auf den Samentütchen aufgedruckt. Dunkelkeimer werden mit einer Schicht aus gesiebter Erde bedeckt, die Schichthöhe beträgt etwa die doppelte Stärke des Saatgutes (bis 0,5 cm). Lichtkeimer werden nicht abgedeckt, sie wer-

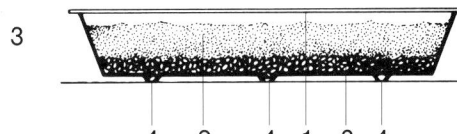

1 Glasscheibe

2 Feinsubstrat

3 gröberes Substrat zur Dränung

4 Abzuglöcher

den lediglich mit einer Glasscheibe vor Trockenheit geschützt oder leicht angedrückt. Nach der Aussaat wird mit einer feinen Gießbrause leicht angegossen. Die Gefäße können dann in Folientunnel gestellt oder mit einer Scheibe abgedeckt werden. Die hohe Luftfeuchtigkeit sorgt für optimale Keimbedingungen. Der Schutz wird nach erfolgter Keimung und entsprechender Sämlingsentwicklung entfernt. Beachten sollte man, daß zu hohe Substratfeuchte Sämlingserkrankungen (Pilze) fördert.

Temperatur

Die optimale Keimtemperatur liegt bei den meisten Pflanzenarten bei 18 bis 22 °C. Einige Arten müssen zuvor bei niedrigen Temperaturen (Frostkeimer) gelagert werden. Hier sind die Angaben auf den Samenpackungen zu beachten. Die Keimdauer beträgt je nach Pflanzenart und Klimabedingungen zwischen wenigen Tagen und drei Wochen. Nach erfolgter Keimung sollten die Sämlinge möglichst hell stehen. Bei frühen Aussaatterminen sind geheizte Kulturräume wie Wintergärten oder Hobbygewächshäuser besonders gut geeignet. Auf Fensterbänken wird man beobachten, daß die Sämlinge zum Licht wachsen. Bei hohen Wohnraumtemperaturen (20 °C) in Verbindung mit den schlechten Lichtverhältnissen im Januar—Februar vergeilen die Pflanzen, sie werden zu lang. Abhilfe kann hier nur ein Standortwechsel in weniger beheizte Räume (± 15 °C) oder Zusatzlicht mit Pflanzenleuchten (ab 2000 Lux) schaffen. Die Aussaaten sollten ständig kontrolliert werden, denn Sämlinge sind besonders in den ersten Tagen nach der Keimung gegenüber Trockenheit empfindlich.

Vermehrung aus Stecklingen

Eine Vermehrung über Stecklinge erfordert Mutterpflanzen, von denen Pflanzenmaterial entnommen werden kann. Vorteilhaft bei dieser Vermehrungsmethode ist, daß alle Nachkommen identische Eigenschaften wie die Herkunftspflanze besitzen.

Mutterpflanzen

Grundsätzlich sollten Stecklingsentnahmen nur von nach Wuchsbild und Blühreichtum ausgesuchten und absolut gesunden Mutterpflanzen erfolgen. Von Läusen oder Pilzen befallene Stecklinge

Für das Pikieren sind Multitopfplatten (1), aber auch einfache Holzkisten (2) geeignet. Der sorgfältige Aufbau einer Aussaatschale (3) verschafft dem Keimling einen optimalen Start.

Linke Seite: Leuchtende Farben vor dunklem Hintergrund. Beispiel einer harmonischen Eingangssituation.

Alle Triebe werden um etwa 30% der Länge eingekürzt. Aus der Form gewachsene Einzeltriebe werden noch stärker eingekürzt, um einen formschönen Aufbau zu erreichen.

sind der Grundstein zum Mißerfolg. Vermehrungen sind im Frühjahr, Sommer oder Herbst möglich. Frühjahrsvermehrungen sind natürlich nur durchführbar, wenn Mutterpflanzen überwintert und rechtzeitig angetrieben wurden (zum Beispiel Fuchsien, Pelargonien). Da die Licht- und Temperaturverhältnisse für Mutterpflanzen nicht in jeder Privatwohnung optimal gestaltet werden können, muß oft mit einer schlechten Qualität der entnommenen Stecklinge (lange, weiche und dünne Triebe) gerechnet werden. Im Sommer können stärkere Einzeltriebe von Mutterpflanzen zurückgeschnitten und der nachfolgende junge Austrieb gesteckt werden. Bei Vermehrungen im Spätsommer/Herbst (Fuchsien, Pelargonien) werden die bewurzelten, noch kleinen Stecklinge überwintert.

Stecklingsbehandlung

Für die Vermehrung geeignet sind Kopfstecklinge (beblätterte Triebspitzen), Teilstecklinge (ohne Triebspitze), oder Blatt-/Stielstecklinge (Stielstück mit einem Blatt). Bei letzteren erfolgt der neue Austrieb aus in den Blattachseln ruhenden »schlafenden Augen«. Stecklinge können mit einem scharfen Messer oder

Stecklingsarten: 1 Kopfsteckling, 2 Teilsteckling, 3 Blatt/Stielsteckling.

einer Rasierklinge geschnitten oder bei einigen Arten auch von Hand gebrochen werden. Wichtig ist, daß das Gewebe nicht gequetscht wird, sonst treten später Pilzbefall und Fäulnis auf. Geschnitten wird direkt unter oder über einem Blattknoten. Die Stecklingslänge ist abhängig von der Pflanzenart — sie beträgt bei Fuchsien 3 bis 4 cm, bei Pelargonien 7 bis 10 cm. Jeder Steckling hat mehrere Internodien und drei bis vier Blätter oder Blattpaare. Blüten und Knospen sowie das unterste Blatt oder Blattpaar werden vor dem Stecken entfernt. Gesteckt wird 1,0 bis 1,5 cm tief, bei weicheren Stecklingen empfiehlt sich die Verwendung eines dünnen Pikierholzes. Wird zu tief gesteckt, besteht oft die Gefahr von Pilzbefall. Jeder Steckling wird leicht angedrückt, um einen festen Stand zu garantieren. Bereits nach einigen Tagen haben sich an der Schnittstelle neue Zellen (Kallusgewebe, Wundverschluß) entwickelt, aus denen später die Wurzeln gebildet werden. Je nach Pflanzenart und Stecklingsgröße beträgt der Steckabstand 3×3 bis 5×5 cm. Auch das enge Stecken von zwei bis drei Stecklingen im Tuff ist möglich.

Erden und Gefäße

Billige Vermehrungsgefäße sind Einmachgläser, Töpfe oder Kisten. Im Handel werden aber auch spezielle Vermehrungseinheiten bestehend aus der mit Substrat gefüllten Steckkiste und einer Kunststoffhaube angeboten. Nach dem Stecken wird leicht angegossen (über-

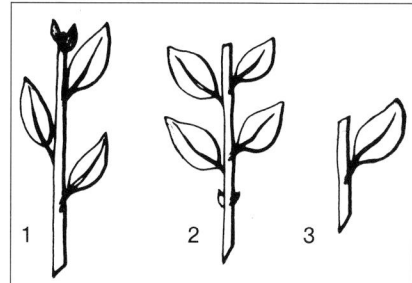

braust), um einen festen Stecklings-
schluß mit dem Substrat zu garantieren.
Das Gefäß wird zur Erhaltung hoher
Luftfeuchtigkeit mit Glas oder Folie abgedeckt. Zu empfehlen ist auch die Vermehrung in kleinen Folientunneln. Als Steck-
substrat sind die zuvor genannten Aussaatsubstrate geeignet.

Licht und Temperatur

Von Herbst bis Frühjahr sollten heizbare,
helle Standorte ohne direkte Sonnenbe-
stahlung gewählt werden, sonst ist
Schattierung erforderlich. Geeignet sind
Ost- oder Westfenster. Zu bevorzugen
sind natürlich kleine Hobbygewächshäuser oder Folientunnel. Im Sommer genü-
gen ungeheizte Standorte. Die schnellste
und sicherste Wurzelbildung erfolgt um
20 °C, wobei eine Spanne von 16 bis
24 °C möglich ist. Bei Wintervermehrun-
gen im Januar/Februar sollte Zusatzlicht
über Pflanzenleuchten (auch Leuchtstoff-
röhren 'Tageslicht Weiß', 'Flora' oder
'Agrosont' möglich) gegeben werden, die
Lichtstärke bei mindestens 2000 Lux liegen. Glühlampen sind völlig ungeeignet,
da sie das Längenwachstum der Pflanzen anregen und diese »vergeilen«.

Während der Bewurzelung

Die Bewurzelungsdauer beträgt in Abhängigkeit von Pflanzenart und Wachstumsbedingungen überwiegend zehn
bis 20 Tage, unter ungünstigen Verhält-
nissen auch bis sechs Wochen. Während
dieser Zeit ist die Vermehrung ständig
auf ausreichende Substratfeuchte und
auf Krankheitsbefall zu kontrollieren.
Wasserverluste sind auszugleichen, eventuell erkranktes Pflanzenmaterial sofort
zu entfernen. Nach intensiver Wurzelbildung kann bei festgewurzelten Stecklingen sechs bis acht Wochen nach Vermeh-
rungsbeginn mit der Gewöhnung an
Außenbedingungen begonnen werden.
Hierzu wird die Abdeckung der Vermeh-

Ampelbaum an
einem öffentlichen
Gebäude, bepflanzt
mit Surfinia-Petu-
nien.

rungsgefäße zunächst für eine Dauer
von 30 bis 60 Minuten entfernt. Die Zeiten werden täglich verlängert, bis
schließlich kein Schutz mehr erforderlich ist. Sollten die Blätter bei dem »Lüf-
ten« herunterhängen, muß die Schutz-
zeit wieder verlängert werden.

Weiterkultur der Jungpflanzen

Die weiteren Pflegemaßnahmen für Sämlinge und bewurzelte Stecklinge können
in ähnlicher Weise durchgeführt werden.
Nach wie vor ist ein möglichst heller
Standort anzustreben, die anfänglich hohen Temperaturen um 20 °C sind nicht
mehr erforderlich. An einem kühleren
Standort (um 15 °C) wird eine kompakte
Pflanzenentwicklung und Ausbildung
von festem Gewebe gefördert. Auch erste Düngungen mit Volldüngern, 0,1%
(= 1 g Dünger/l Wasser) sind angebracht. Bei entsprechender Entwicklung
wird der Abstand von Pflanze zu Pflanze
zu gering, sie sind daher auf größeren
Abstand umzusetzen (pikieren). Die

99

Pflanzen aus vege-
tativer Vermehrung
— Strauchmargerite
(*Argyranthemum
frutescens,* weiß),
Schmuckkörbchen
(*Bidens ferulifolia,*
gelb), Blaue Fächer-
blume (*Scaevola
aemula,* lilablau),
Hornklee (*Lotus
berthelotii,* rot-
braun).

Für Aussaaten oder
Stecklinge sind im
Handel erhältliche
Vermehrungskästen
(1) mit Abdeckhau-
ben aus transpa-
rentem Kunststoff
geeignet. Die Größe
eines Folientunnels
(2) läßt sich dem
Platzbedarf leichter
anpassen.

Pflanzen werden vorsichtig aus dem Ver-
mehrungssubstrat herausgenommen
und in kleine Töpfe (7 bis 8 cm Durchmesser) oder Pflanzschalen auf größeren
Abstand (5 bis 8 cm) pikiert. Man drückt
die Pflänzchen leicht an und überbraust
vorsichtig mit Wasser. Das Pikieren entfällt bei Aussaaten in Töpfen oder Multitopfplatten. Als Pikiergefäße sind Einzel-
töpfe (7 bis 8 cm Durchmesser), Multitopfplatten (Löcher mit 6 bis 8 cm
Durchmesser), Pikierschalen, Pflanzki-
sten aus Kunststoff oder Torfquelltöpfe
verwendbar. Geeignete Pikiersubstrate
sind mäßig aufgedüngte Einheitserde,
Torfkultursubstrat oder Eigenmischungen aus Kompostanteilen und humosem
Gartenboden. Eigensubstrate erhalten

4 g/l kohlensauren Kalk und zusätzlich
mineralischen bzw. organisch-mineralischen Volldünger (1 g pro 1 Substrat), die
intensiv eingemischt werden.

Nach ausreichender Wurzelentwicklung, wenn erste weiße Wurzelspitzen
nach dem Austopfen am Topfrand zu sehen sind, wird flüssig mit stickstoffbetonten Volldüngern (0,1% = 1 g pro Liter
Wasser, Aufwandmenge 2 l Düngerlösung pro m^2) gedüngt und zwar einmal
pro Woche. Das Wachstum der Pflanzen
setzt nun zügig ein, so daß auch an
Stutzarbeiten gedacht werden muß. Bereits zwei bis drei Wochen nach dem
Umpikieren wird die Triebspitze mit den
Fingernägeln ausgebrochen oder mit
einer Schere abgeschnitten. Hierdurch
wird die Verzweigung der Pflanzen angeregt und ein buschiger Pflanzenaufbau
erzielt. Bereits ab Mitte April können die
Pflanzen in Folienhäuser oder Kleinge-
wächshäuser — falls vorhanden — umgestellt werden. Dies ist der weiteren Entwicklung förderlich. Andernfalls verbleiben die Pflanzen bis Mitte April am
bisherigen Standort. Es bietet sich auch
die Bepflanzung der zunächst noch geschützt stehenden Balkonkästen oder
Ampeln an. Die Pflanzgefäße sollten
aber nicht vor den Eisheiligen, also Mitte
Mai, an dem endgültigen Standort im
Freien aufgestellt werden.

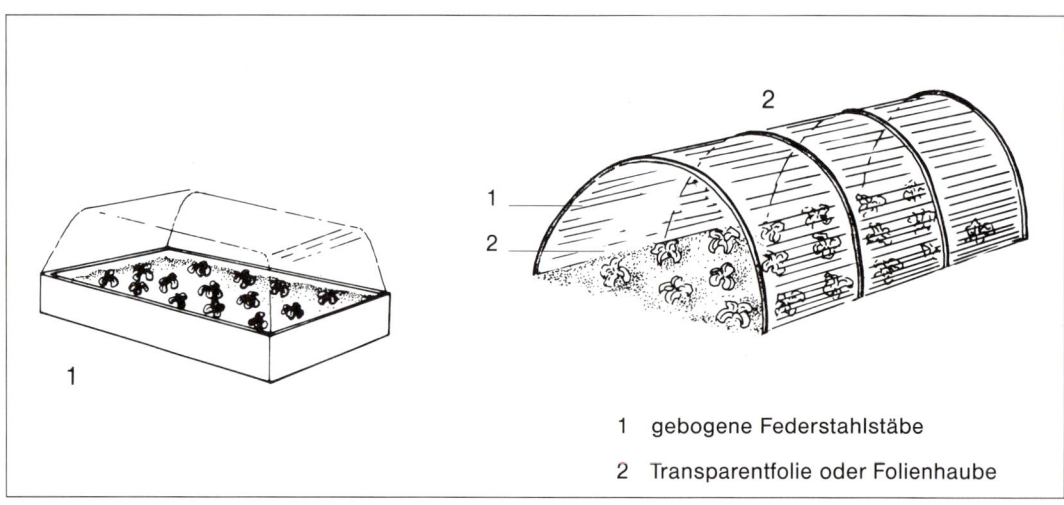

1 gebogene Federstahlstäbe

2 Transparentfolie oder Folienhaube

Verzeichnisse

Deutsche Pflanzennamen

mit ihren botanischen Bezeichnungen, nach denen die Balkon- und Ampelpflanzen auf den Seiten 29—55 alphabetisch beschrieben sind. Sternchen* verweisen auf Farbfotos, halbfette Seitenzahlen auf Schwerpunkte im Text.

Asiatischer Felberich — *Lysimachia congesti-flora* 16, 22*, 26, 45*, **45**

Beetbegonie — *Begonia*-Semperflorens-Hybride 16, 23*, **31**, 33*

Blaue Fächerblume — *Scaevola aemula* 9, 10*, 11, 14, 21, 24, 26, **52,** 57, 72, 100*

Blaue Mauritius — *Convolvulus sabatius* 26, 35*, **35**

Blaues Gänseblümchen — *Brachycome multifida* 11, 14, 16, 26, 32*, **33,** 72, 83

Blausternchen — *Ageratum houstonianum* 10, 16, **30**, 87

Blaue Daisy — *Felicia amelloides* **39,** 39*, 89, 94

Blütenbegonie — *Begonia*-Elatior-Hybride 16, **31**

Buntlippe — *Coleus blumei* 16, 34*, **34**

Buntnessel — *Coleus blumei* 16, 34*, **34**

Chinanelke — *Dianthus chinensis* 11, 36*, **37,** 85

Duftsteinrich — *Lobularia maritima (Alyssum maritimum)* 16, 22*, 26, **45**

Dukatenblume — *Asteriscus maritimus* 9, 15, 24, 25, 26, 30*, **30,** 94

Efeupelargonie — *Pelargonium*-Peltatum-Hybride 6*, 8*, 10, 15, 16, 21, 23*, 24, 25*, 26, 28*, **48,** 70, 85, 93*, 94, 96*, 98

Eisenkraut — *Verbena*-Hybride 10, 23*, 24, 25, 26, **54,** 55*, 69*

Elatiorbegonie — *Begonia*-Elatior-Hybride 16, **31**

Elfensporn — *Diascia*-Arten 26, 37*, **37**

Erika — *Erica gracilis* 18, 19, **38**

Felicia — *Felicia amelloides* **39,** 39*, 89, 94

Feuersalbei — *Salvia splendens* **51**, 87

Feuer von Granada — *Lampranthus conspicuus, L. aurantiacus* 26, 41*, **43**

Flammenblume — *Phlox drummondii* 47, **50**

Fleißiges Lieschen — *Impatiens walleriana* 13, 15, 16, 21, 24, 25, 26, **43**

Fuchsie — *Fuchsia*-Hybride 9, 12*, 14, 15, 16, 26, **40,** 57, 61*, 63*, 68, 70, 85, 87, 89, 93, 94, 95, 98

Gänseblümchen — *Bellis perennis* 18, **32**

Gartenlöwenmaul — *Antirrhinum majus* **30**, 69, 85

Gartennelke — *Dianthus caryophyllus* 26, 36*, **36**, 85

Gazanie — *Gazania splendens, Gazania*-Hybriden 14, 16, 40*, **40**, 68

Gebirgshängenelke — *Dianthus caryophyllus* 26, 36*, **36**, 85

Gelbe Margeritenblume — *Melampodium paludosum* 36*, **46**

Gelbe Teppichmargerite — *Chrysanthemum multicaule* (neu: *Coleostephus multicaulis*) 16, 23*, 26, 34*, **34**

Gelbes Gänseblümchen — *Thymophylla tenuiloba* 26, **53,** 54*

Geranie — *Pelargonium*-Zonale-Hybride 9, 11, 14, 20, 21*, 22*, 23*, 24, **48,** 57, 82, 83, 87, 89, 93, 94

Glockenwinde — *Nolana napiformis, N. paradoxa* 26, 47*, **47**

Goldrandblümchen — *Sanvitalia procumbens* 10*, 16, 23*, 26, **51**

Goldtaler — *Asteriscus maritimus* 9, 15, 24, 25, 26, 30*, **30,** 94

Greiskraut — *Senecio bicolor* 18, **52,** 55*

Harfenstrauch — *Plectranthus fruticosus* 16, 26, **50,** 94

Hängegeranie — *Pelargonium*-Peltatum-Hybride 6*, 8*, 10, 15, 16, 21, 23*, 24, 25*, 26, 28*, **48,** 70, 85, 93*, 94, 96*, 98

Hängender Fuchsschwanz — *Acalypha hispaniolae* 16, 26, **29,** 29*

Hängepelargonie — *Pelargonium*-Peltatum-Hybride 6*, 8*, 10, 15, 16, 21, 23*, 24, 25*, 26, 28*, **48,** 70, 85, 93*, 94, 96*, 98

Hedwigsnelke — *Dianthus chinensis* 11, 36*, **37,** 85

Heliotrop — *Heliotropium arborescens* 16, 22, 23*, 41*, **41**

Hornklee — *Lotus maculatus* 26, 94 — *Lotus berthelotii* 26, 44*, **45,** 94, 100*

Husarenknopf — *Sanvitalia procumbens* 10*, 16, 23*, 26, **51**

Immerblühende Begonie — *Begonia*-Semperflorens-Hybride 16, 23*, **31,** 33*

Japanische Myrte — *Cuphea hyssopifolia* 16, 26, **36,** 76*

Kaisernelke — *Dianthus chinensis* 11, 36*, **37,** 85

Kapaster — *Felicia amelloides* **39**, 39*, 89, 94

Kapkörbchen — *Dimorphotheca pluvialis, D. sinuata* 10*, **37**, 38*, 68

Kap-Ringelblume — *Dimorphotheca pulvialis, D. sinuata* 10*, **37**, 38* 68

Kaskadenblume — *Heterocentron (Centradenia)*-Hybriden 16, 26, 41*, **42**, 94*

Katzenschwanz — *Acalypha hispaniolae* 16, 26, **29**, 29*

Kissenprimel — *Primula vulgaris* 17*, 18, **51**

Knollenbegonie — *Begonia × tuberhybrida* 9, 11, 13*, 15, 16, 23, 24, 26, **31**, 64*, 68, 70, 82, 85, 89, 94

Leberbalsam — *Ageratum houstonianum* 10, 16, **30**, 87

Lobelie — *Lobelia erinus* 12*, 16, 21, 22*, 23*, 25, 26, **44**, 57, 70, 95

Löwenmaul — *Antirrhinum majus* **30**, 69*, 85

»Lyssi« — *Lysimachia congestiflora* 16, 22*, 26, 45*, **45**

Maßliebchen — *Bellis perennis* 18, **32**

Männertreu — *Lobelia erinus* 12*, 16, 21, 22*, 23*, 25, 26, **44**, 57, 70, 95

Mittagsblume — *Lampranthus conspicuus, L. aurantiacus* 26, 41*, **43**

Mittagsgold — *Gazania splendens, Gazania*-Hybriden 14, 16, 40*, **40**, 68

Mottenkönig — *Plectranthus fruticosus* 16, 26, **50**, 94

Mutterkraut — *Chrysanthemum paludosum* (neu: *Hymenostemma paludosum*) 16, 26, 34*, **34**, 65*

Neuguinea-Impatiens — *Impatiens*-Neu-Guinea-Hybride 11, 16, 26, 42*, **43**

Pantoffelblume — *Calceolaria integrifolia* 9, 16, 21, 23*, 24, 26, **33**, 33*, 58*

Pelargonie — *Pelargonium*-Zonale-Hybride 9, 11, 14, 20, 21*, 22*, 23*, 24, **48**, 57, 82, 83, 87, 89, 93, 94

Pentas — *Pentas lanceolata* 16, 49*, **49**

Pepinofrucht — *Solanum muricatum* 26, **52**, 53*

Petunie — *Petunia*-Hybriden 9, 10, 11, 12*, 14, 16, 22, 24, 26, **49**, 62*, 70, 78*, 82, 89, 99*

Pfennigkraut — *Lysimachia congestiflora* 16, 22*, 26, 45*, **45**

Portulakröschen — *Portulaca grandiflora, P. umbraticola* 26, 50*, **51**

Schmuckkörbchen — *Bidens ferulifolia* 6*, 26, **32**, 100*

Strandstern — *Asteriscus maritimus* 9, 15, 24, 25, 26, 30*, **30**, 94

Sammetblume — *Tagetes patula* 9, 11, **53**, 57, 89, 95

— *Tagetes tenuifolia* 23*, 34*, **53**

Sanvitalie — *Sanvitalia procumbens* 10*, 16, 23*, 26, **51**

Schneeheide — *Erica carnea* 18, 19, **38**

Schöner Rosamund — *Heterocentron (Centradenia)*-Hybride 16, 26, 41*, **42**, 94*

Schwarzäugige Susanne — *Thunbergia alata* 16, 26, 53*, **53**

Semperflorens-Begonie — *Begonia*-Semperflorens-Hybride 16, 23*, **31**, 33*

Sommernelke — *Dianthus chinensis* 11, 36*, **37**, 85

Sonderkraut — *Monopsis lutea* 26, 46*, **46**

Sonnenwende — *Heliotropium arborescens* 16, 22, 23*, 41*, **41**

Spanisches Gänseblümchen — *Brachycome iberidifolia* 26, **33**

Spanisches Gänseblümchen — *Erigeron karvinskianus* 9, 10, 15, 16, 26, **39**, 39*, 61

Springkraut — *Impatiens walleriana* 13, 15, 16, 21, 24, 25, 26, **43**

Steinkraut — *Lobularia maritima (Alyssum maritimum)* 16, 22*, 26, **45**

Sterntalerblume — *Melampodium paludosum* 36*, **46**

Stiefmütterchen — *Viola wittrockiana* 17, 18, 54*, **54**, 73, 85, 89

Strauchmargerite — *Chrysanthemum frutescens* (neu: *Argyranthemum frutescens)* 16, 24, **33**, 57, 65*, 90*, 94, 100*

Strohblume — *Helichrysum bracteatum* 26, **40, 41**, 41*

Studentenblume — *Tagetes patula* 9, 11, **53**, 57, 89, 95

— *Tagetes tenuifolia* 23*, 34*, **53**

Surfinia — *Petunia*-Hybride **49**, 78*, 99*

Thunbergie — *Thunbergia alata* 16, 26, 53*, **53**

Topfheide — *Erica gracilis* 18, 19, **38**

Trichterwinde — *Convolvulus tricolor* 26, **35**

Vanilleblume — *Heliotropium arborescens* 16, 22, 33*, 41*, **41**

Verbene — *Verbena*-Hybride 10, 23*, 24, 25, 26, **54**, 55*, 69*, 70*

Vergißmeinnicht — *Myosotis sylvatica, Myosotis*-Hybride 18, **46**, 85, 89

Wandelröschen — *Lantana*-Camara-Hybride 22, 23*, 25*, 26, **44**, 94

— *Lantana montevidensis* 26, **44**, 94

Weihrauchkraut — *Plectranthus fruticosus* 16, 26, **50**, 94

Weiße Zwergwucherblume — *Chrysanthemum paludosum* (neu: *Hymenostemma paludosum*) 16, 26, 34*, **34**, 65*

Winterheide — *Erica carnea* 18, 19, **38**

Zigarettenblümchen — *Cuphea ignea* 10, 15, 16, 26, 35*, **36**, 94

Zinnie — *Zinnia elegans, Z. angustifolia* **55**, 55*

Zonalpelargonie — *Pelargonium*-Zonale-Hybride 9, 11, 14, 20, 21*, 22*, 23*, 24, **48**, 57, 82, 83, 87, 89, 93, 94

Zweizahn — *Bidens ferulifolia* 6*, 26, **32**, 100*

Zwergwucherblume — *Chrysanthemum multicaule* (neu: *Coleostephus multicaulis*) 16, 23*, 26, 34*, **34**

Stichwortverzeichnis

Halbfette Seitenzahlen verweisen auf Schwerpunkte im Text.

Abdeckung 71, 82
Abhärtung 56, 71, 91, 93
Ampelpflanzen **26**
Ampeltypen **61**
Anzucht **95**
Aufhängung 61, **63**
Ausputzen 70
Aussaatgefäße **95, 97**
Aussaatsubstrate 66, **95**
Auswaschung 79, 81
Balkonkästen 20, **60**
Bepflanzung **17**
Bewässerung **73**, 84
Bewurzelung 99
Blattflecken **85**
Blattschäden 79, 82, 83, **84**, 85
Blattstecklinge 98
Blumenzwiebeln 19
Blumenfachgeschäft 57
Bodenanalyse 82
Bunte Kästen 22
Dauerbepflanzung 19, **70**
Dauerblüher 57
Dochte 74
Druckreduzierer 77
Dunkelkeimer **95**
Düngung 67, 71, 78, **79**, **80**, 84, 91, 93, 100
Eigenmischungen 65, 100
Einheitserde 67, 100
Einjährige 89
Einkauf **56**
Einrohrsysteme 76
Einzeltropfer 76
Eisheilige 19
Erden **64**, 95, 98
Ernährung **78**, 85
Etagenbänke 63
Eternitkästen 58
Farbwirkung 21, 22
Fenstersims 60, 64
Fernwirkung **10**, 21, 22
Fertigerde 67, 80
Feuchtefühler 77
Filter 76, 77, 78
Filtermatten 58
Folientunnel 19, 93, 95, 99, 100
Formschnitt 92
Frost 58, 68, 71, **82**

Frühjahrsbepflanzung **17**, **18**, 71
Gartencenter 57
Gartenerde 64, **65**, 66, 67, 78, 80
Gefäße 25, 73, 95, 98
Gestaltung 20, 25, 28
Gießen **72, 79**
Gießrohre 73
Glühlampen 99
Gütezeichen 66
Halbschatten 73
Halterung 60, 61, 63, 64
Herbstpflanzung 18, 19, 73
Hitzeschäden 82
Hobbygewächshaus 19, 93, 97, 99
Holzkästen 58
Indikatorpapier 65, 66
Industrieerde 80
Keimbedingungen 84, **97**
Knollengewächse **17, 18**
Kompost 64, **66**, 67, 78, 80
Kopfstecklinge **98**
Krankheiten 58, 66, **82**, 84, 91
Kulturerden **64**, 83
Kunststoffkästen 58
Laubabdeckung 71
Licht 82, 91, 93, 95, 97, 99
Lichtkeimer **95**
Luftfeuchtigkeit 68, 70, 73, 82, 91, 97, 99
Mangelerscheinungen 78, **82**, 83
Manometer 77
Moorbeetpflanzen 65
Multitopfplatten 95, **97**, 100
Mutterpflanzen 93, 97
Nachblüte **10**
Nachtfrost 91
Nährstoffe 66, 68, 69, 71, **72**, 78, 79, 80, 82, 83, 85
Nützlinge 87
Pflanzabstand 57
Pflanzbeispiele 20
Pflanzenschutz **82, 87**
Pflanzgefäße **12, 59**
Pflege 68, **70, 71**

pH-Wert 65, 67, 72, 80, 84, 95
Pikieren 100
Regenfestigkeit **11**
Rindenhumus 64, 65, **66**, 67, 72, 78
Rückschnitt 22, 71, 91, 92
Saisonbepflanzung **17**
Salzschäden 79, 81
Samen **95**
Saugdochte 58
Schaderreger 70, **82, 84, 85, 86,** 87, 91
Schaltuhr 77
Selbstreinigung **11**
Sommerflor 19
Sonnenbrand 82
Spurenelemente 79, 80, 95
Standortbedingungen **12**, 14, 24, 57, 68, 73, 83, 89, 91
Staunässe 68, 70, 73
Stecklinge **95**, 97, **98**
Sturmsicherung 63
Stutzen 100
Substrat 61, **64**, 68, 73, 83, 99
Teilstecklinge 98
Temperatur 97
Terracotta 58, 61
Ton 64, **66**, 67, 72
Ton-in-Ton 24
Tongefäße 58
Torf 64, **65**, 67, 78
Torfkultursubstrat 67, 100
Torfquelltöpfe 95, 100
Transpiration 72
Triebabschluß 71
Trockenschäden 70, 73, 83, 97
Tröge 28
Tropfer 76, 77, 78
Tropfleitung 76, 77
Tropfrohre 76
Tropfschlauch 76, 77
Tropfstellen 75
Tuffaussaat 95, 98
Überlauf 61
Überwinterung 71, **89, 91,** 93, **94**

Umtopfen 92
Unkrautsamen 65
Verbrennungen 69, 81, 82, 93
Verdunstung 72
Vermehrung 93, **95**, 97, **98**, 100
Vernässung 83
Verstopfen 76
Verzweigung 100
Vliese 74
Wachstumsbedingungen 12, 87

Wasserabzug 58, 70
Wasserhärte 72
Wassermangel **72**, 83
Wasserqualität **72**
Wasserspeicher 58, 61, 64, **74**, 75
Wasserstandsanzeiger 58, 61
Wasserversorgung 68, **71**, **73, 76**, 84, 91, 95
Wechselpflanzung 17, 19
Wetterfestigkeit **11**
Windfestigkeit **11**, 68, 73

Wintergarten 91, 97
Wochenmarkt 57
Wurzelentwicklung 56, 91, 99, 100
Wurzelraum 64, 71
Wurzelschäden 58, 79, 83, 92
Zeitautomat 77
Züchtung 12
Zusatzlicht 97, 99
Zweijährige 89
Zwiebelgewächse **17, 18**, 71

Literaturverzeichnis

Frenz, F.W., Lechl, P., Sturm, A.: Balkon- und Terrassengärten. BLV Verlagsgesellschaft, München 1988.

Fritsche, G.: So wächst und blüht es auf dem Balkon. Verlag Paul Parey, Hamburg/Berlin 1983.

Ganslmeier, H.: Beet- und Balkonpflanzen. Verlag Eugen Ulmer, Stuttgart 1987.

Grueber, G.: Schöne Blumenrabatten. Verlag Eugen Ulmer, Stuttgart 1992.

Gugenhan, E.: Geranien und Pelargonien. Franck'sche Verlagsbuchhandlung, Stuttgart 1981.

Gugenhan, E.: Bunte Gärten auf Balkon und Terrasse. BLV Verlagsgesellschaft, München 1985.

Herbel, D.: Sommerblumen. Verlag Eugen Ulmer, Stuttgart 1992.

Köhlein, F.: Pflanzen vermehren. Aussaat, Teilung, Stecklinge, Ableger. Verlag Eugen Ulmer, Stuttgart 1989.

Köhlein, F., Menzel, P.: Das Neue Große Blumenbuch. Verlag Eugen Ulmer, Stuttgart 1992.

Manthey, G.: Fuchsien. Verlag Eugen Ulmer, Stuttgart 1987.

Manthey, G.: Schöne Fuchsien. Verlag Eugen Ulmer, Stuttgart 1989.

Michel, H., Umgelter, H., Merz, F.: Pflanzenschutz im Garten. Verlag Eugen Ulmer, 2. Auflage, Stuttgart 1991.

Nengelken, P.H.: Der Garten auf dem Balkon. Verlag Eugen Ulmer, Stuttgart 1987.

Preissel, U., Preissel, H.G.: Schöne Kübelpflanzen. Verlag Eugen Ulmer, Stuttgart 1991.

Bildquellen